CES FLEUVES QUI COULENT EN NOUS

ERIK ORSENNA
de l'Académie française

CES FLEUVES QUI COULENT EN NOUS

julliard

Conception graphique de la couverture : Valérie Gautier

Photographie de couverture : Le fleuve Betsiboka,
© CNES / Jean-Pierre Haigneré, 1999

ISBN : 978-2-260-05677-5
Éditions Julliard – 22, rue du Pont-Neuf 75001 Paris

Pour Isabelle de Saint-Aubin.
Ce médecin angiologue qui, depuis vingt ans,
m'apprend à voir et à entendre le cheminement de la vie.

« Vous n'êtes pas une goutte d'eau
dans l'Océan, vous êtes l'Océan
dans une goutte d'eau. »

Djalāl ad-Dīn,
dit Rûmi (1207-1273)

INTRODUCTION

Ce jour-là, je regardais la construction d'un barrage sur le Mékong. Soudain, dans l'assourdissant vacarme des engins de chantier, j'entendis la voix de ma femme :

— C'est pareil.

Je me retournai. Elle avait fermé les yeux.

— Écoute ! Le sang, quand on lui rétrécit le passage, quand les artères commencent à se boucher, le sang fait le même bruit. Écoute ! Tu entends la différence avec ce matin, à Louang Prabang ? Le fleuve était libre. Ici, on l'emprisonne. Il est malheureux. Écoute !

Il faut vous dire que ma femme Isabelle est médecin, médecin angiologue. Depuis trente ans, elle promène une sonde sur des êtres humains. Mais elle ne se contente pas de scruter son ordinateur. Elle tend aussi l'oreille. Car chaque flux a sa musique, dont certaines pas du tout rassurantes.

C'est en rentrant à Vientiane, au milieu d'une forêt de tecks, que l'idée nous est venue.

Au fond, elle et moi, le médecin et l'écrivain-reporter, faisions *exactement* le même métier. Je m'occupais des grands fleuves, ceux qui irriguent la planète. Elle prenait soin des plus modestes, ceux qui transportent l'oxygène et la vie jusqu'aux extrémités de nos corps.

Nous allions écrire deux livres. Le premier, sur la fragilité des grands fleuves. Le second, sur ces rivières invisibles qui coulent en nous.

Quelque chose nous disait que ces deux échelles allaient se parler, que le tout petit allait avoir des choses à dire au plus grand. Et réciproquement. Selon de vieilles pensées, le tout est inscrit dans le microcosme. De là vient, notamment, la vérité des jardins.

Cette promesse laotienne a été tenue.

Le premier livre, celui qui raconte les grands fleuves, a été publié aux éditions Fayard en septembre 2022. Il s'appelle *La Terre a soif* et raconte trente-trois cours d'eau du monde, de l'Amazone (longueur : 6 400 kilomètres ; débit : 200 000 mètres cubes par seconde) au minuscule et très chéri Trieux de ma Bretagne Nord (72 kilomètres ; 5 mètres cubes).

Le second livre est celui qu'aujourd'hui vous avez entre les mains.

Et je vous souhaite bons voyages !

Bons voyages au plus près de vous. Au cœur de votre cœur, au fil de votre sang et de vos larmes. Au plus profond du mystère insondable de vos deux moelles (l'épinière et l'osseuse). Je vous convie, chère lectrice, cher lecteur, à pénétrer dans les secrets les mieux gardés, nos parcs naturels intimes où œuvrent, inlassables alliés, d'innombrables microorganismes. Sans oublier ces tout petits et palpitants espaces, ceux que nous qualifions, les yeux baissés et du fard aux joues, de « zones humides ».

Bref, vingt mille lieues sous et dans la peau.

Vers ces multiples contrées qui, réunies, forment notre meilleure amie, vous savez, celle que nous dédaignons tant et qui s'appelle… la vie.

L'âge étant venu, l'heure n'avait-elle pas sonné pour moi de lui dire MERCI ?

Mais comment remercier sans connaître ? Avec cette récompense, sans cesse renouvelée : comment connaître sans s'émerveiller ?

N'oublions pas : *nous, humains, humaines, si prétentieux, orgueilleux que nous puissions être, sommes d'abord de l'eau !* Les trois quarts de notre organisme à notre naissance. Une proportion qui diminue peu à peu avec le temps mais ne descend jamais à moins de 50 %. Dans ce jeune sportif qui passe au galop, voyez un courant de 45 litres !

Mais la première rivière qui coule en nous n'est-elle pas la curiosité, cette quête de savoir, depuis la nuit des temps, cet élan vers l'inconnu pour tenter de comprendre, encore et encore ?

C'est ce fleuve, celui de la curiosité, que nous allons suivre pour aller saluer tous les autres. En embarquant sur le plus vivant des bateaux, le plus à même d'explorer. Le bateau de l'amitié.

Car tel est le premier, et peut-être le seul, privilège de l'âge : avoir, au cours d'une vie déjà longue, croisé le chemin de tant de merveilles d'êtres humains. Chacun, chacune, ils vous ont invité dans leur royaume, dont, avant eux, vous ignoriez tout, même, parfois, l'existence. Ils vous ont fait cadeau de leur savoir, prêté leurs yeux, aiguisé l'ouïe, réveillé le cerveau. En un mot ils vous ont *agrandi*. Il paraît qu'au fil des années nous rétrécissons. C'est peut-être vrai pour la taille ; pour le reste, je vous assure que c'est faux.

PREMIÈRE PARTIE

L'unité du monde

Les mots, comme les fleuves, ont leurs sources, leurs parcours, leurs affluents, leurs musiques et leurs échos, leurs logiques secrètes.

Sitôt divorcée de mon père, ma mère avait changé d'île. Gavée de Bréhat, où nous passions, interdits d'aller ailleurs, deux mois pleins d'été (et de pluie, souvent), elle s'était installée à Zakinthos, la célèbre Zante, une perle de la mer Ionienne, un morceau d'Italie, dans une toute petite maison face à Céphalonie.

Je l'y avais rejointe pour l'aider dans ce début de nouvelle vie.

Et c'est là, un beau matin, qu'entre les lauriers, au bout du chemin, nous avons vu arriver deux minuscules camionnettes dont débordaient les meubles achetés la veille. Sur leurs flans noirs et sales était inscrit en jaune soleil le mot *metaphora* (μεταφορά). Péniblement, je réussis à déchiffrer (ma langue dite morte à moi, c'est mon latin bien-aimé).

— *Métaphora*, drôle de nom pour une société !

Ma mère a levé les bras au ciel.

— Quel mauvais dieu m'a fait cadeau d'un fils aussi inculte ! *Metaphora* veut dire… « transport ».

L'UNIVERSELLE ANALOGIE
ÉLOGE D'HILDEGARDE

Selon les dictionnaires, l'*analogie* est « le rapport de ressemblance ou de correspondance que l'esprit perçoit entre deux êtres ou deux objets ».

Depuis toujours, les êtres humains ont cru percevoir une relation d'*analogie* entre le *microcosme* et le *macrocosme*, ou, pour être plus précis, entre leur corps et l'univers.

Cette vision de l'unité du monde est ainsi exprimée par le philosophe grec Olympiodore, six siècles avant Jésus-Christ :

> Tout ce que contient l'univers, l'homme le contient aussi. Le macrocosme contient des animaux terrestres et aquatiques : ainsi l'homme a-t-il des puces, des poux et des vers intestinaux. Le macrocosme a des fleuves, des sources, des mers : l'homme a des entrailles. Le macrocosme a le Soleil et la Lune : l'homme a l'œil droit (un soleil) et l'œil gauche (la lune). Le macrocosme a des monts et des collines : l'homme a des os[1].

---

1. Cité par un père dominicain, André-Jean Festugière, dans *La Révélation d'Hermès Trismegiste,* J. Gabalda & Cie, 1944.

Mais c'est la pensée chrétienne qui, tout au long du Moyen Âge, va développer cette conception unitaire, et la porter jusqu'à la Renaissance, où elle va prendre une dimension nouvelle.

Occasion, trop rare, de saluer un personnage magnifique. Les papes successifs ne se pressèrent pas pour reconnaître sa sainteté. Cette religieuse dominicaine ne fut canonisée et proclamée « docteur de l'Église » qu'en… 2012, par Benoît XVI, alors qu'elle avait vécu en Allemagne… un millénaire plus tôt[2].

Le Comté palatin du Rhin était un État du Saint-Empire romain, ancêtre de la République fédérale allemande d'aujourd'hui. Il comprenait de nombreux territoires situés de part et d'autre du grand fleuve, au sud de l'embouchure de la Moselle.

C'est là, dans une toute petite ville nommée Bermersheim, que naît, en 1098, une certaine Hildegarde. Dixième enfant d'une famille noble, elle est, dès l'âge de huit ans, confiée à Dieu. Autrement dit, elle entre dans un monastère, où deux veuves vont, l'une après l'autre, prendre soin d'elle et l'éduquer dans la religion. La règle est celle de saint Benoît : oisiveté interdite, ascétisme inutile, prière et travail. À quatorze ans elle prend le voile. Deux décennies

2. Cette Hildegarde est l'une des « sœurs d'Hippocrate » pour reprendre le titre du livre passionnant de Jean-Noël Fabiani-Salmon (Éditions Les Arènes, 2023). Il y rend hommage à toutes ces femmes qui, elles aussi, ont fait progresser la médecine.

plus tard, on la retrouve à Disibodenberg. Cette abbaye a la particularité d'être *double* : accueillant les hommes et les femmes, elle est codirigée par un abbé et une abbesse, Hildegarde.

Les vocations se multipliant, il faut bientôt séparer les genres. Les moniales déménagent à Rupertsberg, au confluent du Rhin et de la rivière Nahe, tout près du petit port de… Bingen. C'est sous ce nom, Hildegarde de Bingen, que l'abbesse entrera dans l'histoire. Sans vouloir forcer le trait, ni tout courber au thème de ce livre, admettez que l'eau vive est partout présente dans ce début d'existence. Comme toujours, la géographie dicte sa loi, à sa manière, douce et muette mais jour et nuit présente – comment y résister ? Nous sommes au cœur de la future Allemagne, au creuset de sa culture, de sa musique et de sa poésie.

Hildegarde est considérée comme la première « naturaliste » de son pays. Jamais elle ne se laissera enfermer dans ses fonctions « administratives », pas plus que dans les liturgies obligées. C'est une abbesse qui ne cesse de *voyager*. Dans sa philosophie, la marche, la visite, la rencontre, l'observation passionnée sont autant de façons, qui en valent bien d'autres, de prier et de rendre hommage à Dieu.

C'est ainsi qu'un ouvrage, *Physica*, ou *De la Nature*, rassemble, sans ordre particulier, ses descriptions précises de trois cents plantes, soixante et une sortes d'oiseaux et « autres animaux volants », quarante et une espèces de mammifères… Curiosité tout sauf désintéressée, orientée vers un seul but : *soigner*. Pour Hildegarde, la Nature est *thérapeutique*. Recouvrer la santé, c'est retrouver l'harmonie. Comme tous les médecins de ce temps-là, elle préconise le recours aux plantes, les fameux « simples ». Mais les *minéraux* ne sont pas oubliés. Le contact de notre corps avec certaines pierres, en nous reconnectant avec des réseaux énergétiques oubliés, nous redonne de la force. Qui peut croire le seul fruit du hasard la vertigineuse ressemblance entre une émeraude et une goutte de pure rosée, celle d'où chaque matin revient la vie ?

Tout est lien.

Dans la pensée ancienne, disons depuis Hippocrate, quatre siècles avant Jésus-Christ, le corps, comme l'univers, est constitué de quatre *éléments* : l'air, le feu, l'eau et la terre. À chaque élément correspond une *humeur*, c'est-à-dire un *liquide* qui coule dans le corps. En chacun de nous, l'humeur dominante détermine notre *tempérament*. Au feu correspond la bile jaune, produite par le foie ; son influence entraîne un caractère « bilieux » et violent. À l'air est lié le sang, lui aussi fabriqué par le foie et reçu par le cœur : s'ensuit un caractère sanguin et joyeux. À l'eau est associée la lymphe ou phlegme ou pituite, fabriquée par le cerveau et, croyait-on, transmise via le nez, par un canal dont nous savons aujourd'hui qu'il n'existe pas. Conséquence : caractère calme, phlegmatique, « lymphatique ». À la terre est attachée la bile noire, fabriquée par la rate, d'où un tempérament anxieux, mélancolique.

Ces éléments ne cessent de batailler entre eux : le feu est éteint par l'eau et par la terre, mais se venge en évaporant l'eau… Une bonne santé n'est donc qu'un équilibre, une coexistence plus ou moins pacifique, et toujours provisoire, entre ces contraires. La rupture de cet équilibre, ces « sautes d'humeur », entraîne forcément des maladies.

Cette pensée est profondément *religieuse*, au sens étymologique de « reliée ». Pensée opposée à celle de notre modernité. Laquelle, pour tout dominer plus à son aise, s'est acharnée à morceler, diviser, spécialiser.

Pensée toujours *reliante*, qui se donne pour objectif premier non d'accumuler et d'assujettir, mais de retrouver le paradis perdu, où règne l'harmonie.

L'harmonie, vous parlez donc de la musique ? La mère abbesse ne pouvait ignorer cette autre voie vers Dieu, cette autre manière de lui parler. Qui peut douter qu'Il l'entende ? Hildegarde composera plus de soixante chants liturgiques réunis en une *Symphonia harmoniae caelestium revelationum* (« Symphonie de l'harmonie des révélations célestes »).

Révélation ! Le grand mot est lancé. Tel est le secret d'Hildegarde. La source de sa philosophie, l'indication de la route à suivre. Elle ne pense pas, elle *reçoit*.

Hildegarde est une mystique. Depuis son plus jeune âge, des visions l'ont régulièrement visitée. Leur leçon est limpide, toute simple et ne variera jamais : l'organisation de l'univers et la nature de l'homme ont pour origine commune la Création divine. C'est pour cela qu'elles ne peuvent être séparées. De grandeurs différentes, l'univers et l'homme ont été voulus selon les mêmes proportions : l'homme est le miroir du monde.

Léonard de Vinci, dessinant son *Homme de Vitruve*, reprendra cinq siècles plus tard une miniature présente dans l'un des manuscrits d'Hildegarde.

Hildegarde de Bingen, *Liber divinorum operum*, *Codex Latinus* 1942, vision 3 (vers 1230) © Bibliothèque nationale de Lucques, Italie.

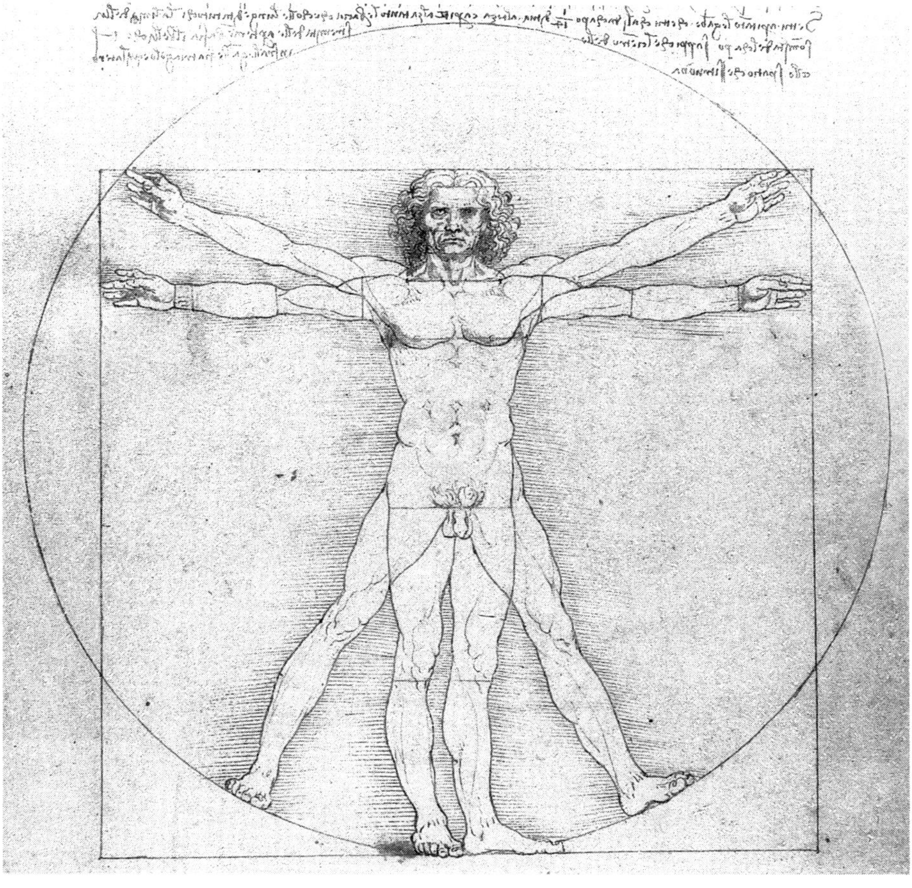

Léonard de Vinci, *L'Homme de Vitruve*, © Gallerie dell'Academia de Venise, Italie.

VIVE L'EAU !

Jan Baptist Van Helmont, né à Bruxelles le 12 janvier 1579, réduit le nombre des éléments à deux : l'air et l'eau.

Ce médecin de formation vient d'un univers mental qui est encore celui de l'alchimie. À ce titre, il défendra l'indéfendable, la possibilité de l'apparition d'un être vivant sans parents ni ascendants, cette « génération spontanée » dont Pasteur, trois cents ans plus tard, prouvera l'inanité. Mais ne nous trompons pas d'époque ! Et saluons ce voyageur inlassable qui, toujours aux aguets, accumule les rencontres et multiplie les expériences. Nous devons à ce quasi-inconnu des avancées décisives, par exemple une description incroyablement précise de la digestion et de la fermentation.

En cette fin du XVIe siècle, l'air reste abstrait, totalement méconnu. Helmont y découvre certaines « exhalaisons », qu'il va baptiser « gaz ». Tel le gaz « sylvestre » qu'il obtient en brûlant du bois (vous l'avez reconnu, c'est… le dioxyde de carbone). Conclusion : le feu n'est pas un « élément » fondamental. Ce n'est que « de l'air allumé ».

Passons à l'eau. Helmont plante un petit saule pesant 2,2 kilos dans un grand pot contenant 91 kilos de terre.

Après avoir arrosé l'ensemble cinq ans durant, il procède à la pesée. Le saule a gagné 74 kilos, la terre n'a perdu que 57 grammes. Conclusion : la terre ne sert à rien, et ne mérite pas son titre d'élément. Bien sûr, le Bruxellois se trompe et ne voit pas l'apport du sol en nutriments essentiels. Mais la preuve est faite. C'est bien l'eau le moteur premier de la croissance des plantes.

Tous les éléments sont réunis pour que s'explique le mécanisme de la photosynthèse : eau + gaz carbonique + lumière du Soleil = sucres nutritifs + un déchet miraculeux (un autre gaz, l'oxygène).

TOUT A COMMENCÉ DANS L'EAU

Lorsqu'une interrogation me vient, je, en homme résolument « moderne », fais comme tout le monde et tapote ma question sur mon portable. Aussitôt m'arrive une réponse. Merci Wikipédia ! Mais quand le sujet devient grave, j'ai recours à une autre source, qui est celle de l'amitié. Ayant eu la chance de côtoyer des merveilles de savants, dans les domaines les plus divers, j'appelle au secours. Par exemple, Pierrick Graviou, le bien nommé, mon professeur de géologie, avec qui nous avons écrit l'histoire (illustrée) de la Terre.

— Je ne te dérange pas trop ? Tu n'es pas à la pêche ? Comment va notre Bretagne Nord ? Dis-moi, quand tu auras un moment, pourrais-tu me rappeler nos origines ?

Quelques jours plus tard m'arrivaient ces lignes :

De tous les fleuves qui coulent en nous, la vie est certainement le plus ancien, le plus beau, mais aussi le plus extraordinaire et le plus mystérieux. Car de cette vie que nous partageons sur la Terre depuis la nuit des temps avec l'ensemble de nos colocataires (animaux et végétaux), nous ne connaissons ni le moment, ni les circonstances, ni même l'endroit de son apparition.

On sait simplement que l'heureux événement s'est déroulé il y a, au moins, 3,5 à 3,8 milliards d'années ; peut-être dans l'eau peu profonde d'une lagune sous l'action des rayons ultraviolets du Soleil, à moins que ce ne soit sous l'effet de la foudre ; peut-être, à l'inverse, dans l'obscurité la plus totale des abysses océaniques à la suite de réactions chimiques complexes.

Le mystère reste entier, ou presque... Mais quel que soit le scénario envisagé, il est un personnage qui semble absolument nécessaire à l'apparition et au développement de la vie. Il s'agit de l'eau : ce liquide magique grâce auquel s'est effectué pour la première fois le passage de l'inerte au vivant, par le miracle de la génération spontanée. N'en déplaise à ton maître Louis Pasteur...

Aujourd'hui, la vie, qui permet aux autres fleuves de notre organisme de couler inlassablement, depuis notre naissance jusqu'à notre mort, reste toujours aussi mystérieuse et intimement liée à l'eau. Mais si cette eau est encore indispensable au fonctionnement de tous les êtres vivants, un certain nombre d'entre eux vont s'affranchir du milieu aquatique originel.

C'est par exemple le cas des premiers reptiles, de petits animaux qui apparaissent il y a 310 millions d'années. Semblables à des lézards, ils peuplent alors les grandes forêts marécageuses qui se sont développées sur la Terre et qu'ils partagent avec de gros amphibiens. Mais contrairement à ces derniers qui restent tributaires de leur environnement aquatique pour se reproduire, ces reptiles sont équipés d'une poche intérieure remplie de liquide. C'est là, dans l'amnios, que va se développer l'embryon, ainsi protégé des chocs et de la déshydratation.

Grâce à cette réserve de liquide riche en eau, la vie peut enfin s'émanciper et se disperser sur l'ensemble de la planète, notamment dans les milieux les plus arides. Les voyages et les explorations sont désormais possibles…

Merci, Pierrick !

Je pouvais désormais passer aux tout premiers jours de l'existence humaine.

D'autant que tout près de chez nous, le long de la toute petite rivière Vesgre (Eure-et-Loir), habite un obstétricien. Qui, mieux que l'accoucheur et ami Bernard, pouvait me conter, par le menu, l'histoire de nos commencements ?

Comme nous le savons tous, c'est dans un liquide que l'œuf dont nous venons va se faire fœtus et se préparer à naître.

À croire que la même histoire, toujours, se répète.

La vie est la diversité même, et s'en nourrit ; mais il y a quelque chose en elle, un moteur lointain, un besoin archaïque qui l'oblige à ne pouvoir s'empêcher d'imiter.

Ce premier lac, les médecins, pas toujours poètes, préfèrent le nommer « poche », en lui ajoutant le qualificatif d'« amniotique », du nom de la membrane qui l'enveloppe, l'*amnios.* Ce lac est constitué à 97 % d'eau, complétée par un cocktail de sels minéraux (sodium, potassium, magnésium, calcium, phosphore…) d'éléments organiques (acides aminés, glucose), sans oublier des enzymes, des hormones et quelques cellules mortes tombées de la peau du fœtus.

Au pourtour de ce lac, une zone d'échanges avec la mère s'est développée, en fait un véritable organe. C'est le *placenta.* Le fœtus y est relié par un cordon, le cordon *ombilical. Placenta !* Ce mot, en latin, veut dire « gâteau ». Gâteau, le bien nommé ! En effet, le placenta, via le cordon, va fournir au fœtus toutes les « nourritures » dont il a besoin pour grandir. Mais son rôle ne s'arrête pas là. Organisme vivant, le fœtus consomme et rejette. C'est le placenta qui va recevoir les déchets produits par lui. C'est encore lui, le placenta, qui va jouer le rôle de barrière en le protégeant contre de potentiels agresseurs.

Et c'est ainsi qu'un beau jour, le fœtus pourra « naître », débuter cette étrange aventure que nous appelons « vivre », et qui avait, en fait, commencé bien avant.

Dans de l'eau.

Comme toujours.

DES CITERNES DANS LE CERVEAU

Mon professeur de cerveau s'appelle Yves Agid[1], le neurologue créateur de l'ICM, l'Institut du cerveau et de la moelle épinière, à la Pitié-Salpêtrière (47 boulevard de l'Hôpital, 75013 Paris). Puisqu'il s'agit, dans ce livre, d'aborder sans tabou le plus intime de l'intime, je vais lui (et vous) révéler un secret : cher Yves, j'ai commencé par vous haïr, de toutes les forces de mon âme. Et voici pourquoi.

Chaque début juillet, dans l'île de Bréhat, je retrouvais Caroline, qui habitait avec sa famille une maison voisine de la nôtre. Lumineuse et douce, infiniment *gentille* avec le jeune garçon que j'étais, d'été en été je l'aimais davantage. À ma vive admiration, elle commença des études de médecine. Durant lesquelles, malédiction, elle rencontra un certain Yves, interne comme elle, et dont elle s'éprit. Tristesse infinie pour moi, ils se marièrent. Quand ils divorcèrent, huit ans plus tard, je crus mon heure arrivée. Entre-temps, Caroline était devenue ophtalmologiste. Sitôt connue la bonne nouvelle de leur séparation, je courus

1. Yves Agid, *Le Cerveau, machine à inventer*, Albin Michel, 2023.

à son cabinet, espérant qu'elle voie dans mes yeux ce que je n'osais pas lui dire : mon amour éperdu. Hélas, elle n'y décela qu'une banale myopie. Bien obligé, je poursuivis ma vie ailleurs.

Je m'informai. D'après tous les avis, personne mieux que cet Yves le maudit ne pouvait mieux m'instruire sur le cerveau. Je me résolus à prendre contact. En ravalant, tant bien que mal, une jalousie qui peut, sachez-le, à tout moment renaître, malgré le demi-siècle écoulé depuis mes déchirures.

Mais assez de sentiments et de confidences ! Revenons à la science.

Le « liquide cérébro-spinal » (toujours appelé « céphalo-rachidien ») est un fluide transparent produit en continu dans le cerveau, dans quatre cavités nommées « ventricules ». Ces ventricules ont la particularité d'être tapissés d'un réseau capillaire très dense, qui leur permet de filtrer de grandes quantités de sang en ne laissant passer que des composants nécessaires au cerveau. Ces filtres sont en même temps des barrières qui bloquent le passage des substances toxiques et pathogènes qui pourraient se trouver dans le sang. L'efficacité, vitale, de cette protection a sa contrepartie : elle empêche de traiter nombre de maladies neurologiques. Car cette « barrière » rejette les principes actifs, qui ne peuvent plus atteindre leur cible. Comment améliorer le filtre, comment affiner sa sélection ? C'est là, aujourd'hui, un enjeu majeur de la recherche.

Le liquide cérébro-spinal, composé à 99 % d'eau, joue cinq rôles, tous essentiels :

— Il *protège* le système nerveux central. Baignant dans cette eau, cerveau et moelle sont allégés à 97 % de leur poids, ce qui amortit les chocs même violents (pour les boxeurs…), et les effets d'une décélération très forte.

— Il *régule* la pression intracrânienne.

— Il *nourrit* le cerveau et la moelle épinière en leur apportant, notamment, hormones, nutriments et oxygène. Ne représentant que 2 % de notre masse corporelle, le cerveau consomme 20 % de l'oxygène de notre corps. Au moindre arrêt de l'apport, une syncope survient, en à peine dix secondes. Avant que, peu après, les cellules commencent à mourir.

— Il *élimine* les déchets.

— Dans la moelle épinière, ce liquide est un très bon conducteur de *l'influx nerveux*.

Mon obsession des eaux ne m'avait pas trompé ! Notre cerveau, comme le fœtus, baigne bien dans un liquide. Et figurez-vous que cet organe contient des « citernes », les fameux ventricules. Toutes remplies du fameux liquide cérébro-spinal.

Ce n'est pas le lieu ici, dans cette humble promenade, de vous en apprendre davantage sur la géographie du plus complexe et plus fascinant de nos organes. Hélas pour vous, comme pour moi, vous n'avez pas, le bac en poche, choisi d'étudier la médecine. Sachez seulement que nous transportons une dizaine de ces « citernes », réparties à la base de notre crâne. Le chapelet de leurs noms compose le plus joli des poèmes : la « prépontique », l'« interpédonculaire », la « cérébello-médullaire », la « basilaire », l'« intercrurale », l'« ambiante », la « chiasmatique », la « prébulbaire », l'« insulaire » appelée aussi « lac sylvien » ou « confluent latéral »... On dirait une suite de Bach, avec ses quatre danses : allemande, courante, sarabande et gigue.

Même si, à la base de la moelle épinière, nous revenons au réel, avec la « citerne lombaire », site des terrifiantes ponctions.

PETITE ESCAPADE DANS LE COSMOS

Il paraît que les vacances ont été inventées pour savourer, notamment l'été, une sensation, de moi inconnue, qui s'appelle « se reposer ». N'ayant pas perdu tout espoir d'éprouver un jour ce relâchement, qu'on présente comme délicieux, du corps et de l'esprit, je tente de réguliers séjours en Corse, île connue pour sa beauté et moquée pour une légende, son prétendu climat de paresse incomparable. Hélas, chaque fois, la fertilité d'une rencontre m'oblige à me lancer dans un nouveau projet d'écriture, en dépit d'un carnet de bal déjà débordant pour les deux décennies à venir.

Ainsi, en ce juillet, jusque-là tranquille, de l'année 2024, une très bienveillante journaliste, Christine Siméone, me fait savoir qu'un festival d'astrophysiciens est organisé tout près d'A Pignata, cette auberge paradisiaque (téléphone : 04 95 78 41 90), au-dessus de Levie, où j'avais bien décidé de « débrancher », avec pour seule compagnie les cochons « nustrales », ultimes héritiers directs d'ancêtres mésopotamiens. Caramba ! Encore raté ! Quel être doué de raison, et de quelque curiosité, pourrait refuser l'occasion de prendre, à moins de 10 kilomètres de sa villégiature, les dernières nouvelles du ciel ?

Me voici donc ce dimanche 21 juillet 2024, sagement assis dans l'église de Sainte-Lucie-de-Tallano. La cloche vient de sonner 17 h 30. Et l'invité d'honneur, David Elbaz, nous révèle une ressemblance vertigineuse. Ce monsieur très savant, directeur de recherche au commissariat à l'Énergie atomique et conseiller de l'Agence spatiale européenne, n'explore pas seulement le cosmos mais la manière dont les êtres humains l'explorent. Pour lui, la connaissance est d'abord un *récit*. Scientifiques ou simples curieux, nous sommes tous enfants de Schéhérazade[1].

Le 16 novembre 2020 paraît, dans la revue *Frontiers in Physics*, un article[2] qui va faire grand bruit. L'astrophysicien Franco Vazza, de l'université de Bologne, et le neurochirurgien Alberto Feletti, de l'université de Vérone, y montrent les troublantes similitudes entre le réseau cosmique des galaxies (au nombre d'une centaine de milliards) et celui des cellules neuronales du cerveau humain (environ soixante-dix milliards). Dans les deux cas, les systèmes s'organisent en longs filaments interrompus régulièrement par des nœuds.

Qu'est-ce à dire ?

1. David Elbaz, *Les Dix Mille et Une Nuits de l'univers. La Danse du cosmos*, Odile Jacob, 2022.

2. Alberto Feletti, Franco Vazza, "The Quantitative Comparison Between the Neuronal Network and the Cosmic Web", *Frontiers in Physics*, vol. 8, 2020.

Que toute réalité n'est, quelle qu'en soit l'échelle, que la répétition à l'infini du même schéma ? Comme, en musique, les *variations* sur un même thème. Une autre explication est possible : notre esprit ne pouvant comprendre que ce schéma, il manque, de ce fait, des pans entiers du réel.

L'HYPOTHÈSE GAÏA

À l'Académie française, Michel Serres nous enchantait par son inépuisable faconde gasconne, son fort réjouissant alliage de vraie gaieté et de très fréquente très mauvaise humeur. Et, surtout, son rare talent de conteur.

Ce natif d'Agen, grand dévoreur de livres mais aussi de bonne chère, avait très vite décidé de se moquer des frontières. Aimant la mer tout autant que le rugby, il prépare l'École navale, qui lui ouvre ses portes. Dès le lendemain de son admission, Michel comprend qu'il s'est trompé. Marin, d'accord, mais pas militaire. Il démissionne. Retour au lycée : hypokhâgne, khâgne. De nouveau reçu, cette fois rue d'Ulm, à l'École normale supérieure. Une vie de formidable professeur commence. Honte à lui, le Collège de France le dédaigne. Chance pour l'université californienne de Stanford, où il enseignera vingt ans.

Dans son livre majeur, *Le Contrat naturel* (1990), il se demande, après Jean-Jacques Rousseau, et contre Descartes, comment nous pouvons, nous, humains, ignorer que nous ne sommes pas « possesseurs et maîtres » de la Nature mais seulement quelques-uns de ses colocataires. Et dans son autre texte visionnaire, *Petite Poucette* (2012), il prédit la déferlante du numérique. Petite Poucette ! C'est grâce à ce doigt que nous tapons sur les écrans. Après une mortifère domination, le triomphe d'une artificielle intelligence.

Bruno Latour, disparu le 9 octobre 2022, fut l'un de ses disciples. Avec Philippe Descola, il est l'un des premiers penseurs de l'écologie politique. Durant toute sa vie, il n'a cessé d'interroger la recherche scientifique, la manière dont « la vérité » progresse. Son livre *Pasteur : guerre et paix des microbes* (1984) décrit comment certaines « forces sociales » sont intervenues dans les travaux de Pasteur et comment ses découvertes ont finalement été acceptées par la société.

« La Terre est un ensemble d'êtres vivants et de matière qui se sont fabriqués ensemble, qui ne peuvent vivre séparément et dont l'homme ne saurait s'extraire. » C'est ainsi que Bruno Latour résumait l'« hypothèse Gaïa », l'invention d'un Anglais, James Lovelock.

Gaïa, du nom de la déesse grecque, née de Chaos (le dieu primordial, « commencement confus de toutes choses ») pour engendrer la vie. Une « hypothèse » soumise à de nombreuses critiques venues de scientifiques acquis à l'explication darwinienne de l'évolution par la seule sélection et moquant la prétendue personnification de notre planète et toutes les dérives New Age qui en découlent. Et pourtant ! L'évidence d'une santé unique, *one health*, n'était-elle pas apparue lors de la dernière pandémie (Covid) ? Si l'environnement se dégrade, si les végétaux s'épuisent, comment le règne animal, dont les humains, pourrait-il bien se porter ? Pour Bruno Latour, la proposition théorique de Lovelock a la même importance dans l'histoire de la connaissance humaine que celle de Galilée[1].

Vive l'histoire des sciences, c'est-à-dire le récit de nos conceptions successives du monde. Dans son enquête passionnante sur l'« hypothèse Gaïa », sa naissance, sa réception et son influence, Sébastien Dutreuil montre qu'elle nous a permis de « passer d'une logique de contrôle et de maîtrise d'une nature extérieure à une conception du soin à apporter à une entité à laquelle nous appartenons[2] ». « Les faits scientifiques sont essentiels et permettent de trancher les controverses. Mais ils ne suffisent pas, seuls, à déterminer les trajectoires politiques… C'est la leçon principale de ces dernières décennies. Il faut une vision plus générale[3]. »

À mon petit niveau, j'ai connu cette même insuffisance avec l'eau. Vous avez beau clamer partout, plus que son importance, sa nécessité absolue pour toutes les activités, à commencer par la vie même, tout le monde s'en moque. Même si « première » de toutes les matières premières, l'eau reste une matière. D'où l'idée de faire adopter par des écoles des morceaux de fleuves ou de rivières, dont on peut admettre l'« hypothèse » qu'ils sont des êtres vivants.

---

1. Bruno Latour, *Face à Gaïa*, La Découverte, 2015.
2. Sébastien Dutreuil, *Gaïa, Terre vivante. Histoire d'une nouvelle conception de la Terre*, La Découverte, 2024.
3. *Ibid.*

De plus en plus de pays dotent des « éléments » de la Nature d'une « personnalité juridique », qui leur permet d'agir en justice contre ceux, et d'abord l'État, qui ne les respecteraient pas. La Nouvelle-Zélande avait montré l'exemple avec la rivière Whanganui. En France, le « parlement de la Loire », notamment, travaille dans ce sens.

Les Incas n'avaient pas attendu l'« hypothèse Gaïa » pour reconnaître en notre planète une Pachamama.

DEUXIÈME PARTIE

Le don du Nil

Les réalités se répondent.

Au royaume des analogies, si rien ne ressemble plus à une rivière qu'une artère, tant par sa fonction que par sa sinuosité, il a fallu autant d'efforts, autant de siècles à l'espèce humaine pour comprendre le mystère de ces parcours et en dresser une cartographie exacte.

L'histoire et la géographie des « fleuves qui coulent en nous », c'est aussi la célébration de ces êtres humains qui n'ont pas craint de se confronter aux plus grands mystères et de tout sacrifier à cette recherche. Les Fous Curieux forment une confrérie. Raconter l'un d'entre eux renseigne sur tous les autres.

Explication de la circulation sanguine, découverte des sources d'un grand fleuve : même combat contre les idées jusqu'alors reçues, mêmes affrontements sauvages entre concurrents, même entreprise de toute une vie au double service de la gloire personnelle et de la connaissance. Au panthéon des explorateurs, Pedro Páez, Richard Francis Burton et John Hanning Speke (pour le Nil), Mungo Park (pour le Niger) valent bien William Harvey (pour le sang).

Et avouons que ces personnages, aussi hauts en couleur et en anomalies diverses les uns que les autres, ont ravi le romancier que je suis. À quoi sert d'inventer quand la réalité vous offre mieux, plus dément et plus émouvant, que l'imagination ?

Ainsi, d'échelle en échelle, les réalités se répondent tandis que les savoirs, médecine et astronomie, histoire et géographie, marchent d'un même pas, tantôt accéléré, tantôt piétinant, quand il ne recule pas. Dans cette coïncidence, seuls les paresseux ne verront que la main du hasard. Les autres y chercheront, passionnément, des explications. Et des avertissements. D'autant plus nécessaires que notre époque voit se développer une vraie passion pour l'ignorance et se multiplier les célébrations de « vérités alternatives ».

Quels furent, au fil du temps, les terreaux fertiles à la connaissance et quels autres l'interdirent ? Pour quelles raisons ce refus de la science tout au long du début de la chrétienté ? Et pourquoi cet arrêt soudain de la pensée arabe ? Une véritable « intelligence » peut-elle être « artificielle » ? Autant de questions qui nous forcent à nous demander quel « progrès » apporte notre modernité.

UN MYSTÈRE PLUSIEURS FOIS MILLÉNAIRE

D'où pouvaient bien venir les eaux qui, d'un désert de sables brûlant, avaient fait surgir l'Égypte et sa civilisation, l'une les plus brillantes de toute l'histoire humaine ? Le mystère demeura des millénaires durant, malgré toutes les expéditions lancées pour trouver la source ou les sources d'un tel miracle.

Depuis Ératosthène (environ 275-195 avant Jésus-Christ) et Ptolémée (environ 100-170), les géographes continuaient d'affronter leurs explications. D'aucuns présentaient comme certaine l'existence, là-bas, vers l'Équateur, d'une haute chaîne de sommets appelés les « Monts de la Lune ». Aucun doute, le Nil avait pour origine la fonte estivale de leur manteau neigeux. D'autres leur répondaient : billevesées, que ces Monts ! Il faut chercher une mer, oui une mer intérieure, perdue dans le Grand Sud. D'elle, et d'elle seule, s'écoule ce trésor.

Le plus étonnant est que la vérité viendrait, bien plus tard, comme l'enfante de ces deux songes.

Une carte de 1540 réunit les deux thèses. Elle est l'œuvre de Sebastian Münster (historien, astronome, mathématicien, professeur d'hébreu, éditeur, auteur d'une *Cosmographia universalis*, deuxième best-seller du XVIe siècle, après la Bible), l'un de ces savants « complets » comme en fabriqua la Renaissance (et par qui elle fut fabriquée). Qu'importent les approximations de cette représentation de l'Afrique, on y voit, bien avant les découvertes avérées, se réunir deux flots qui rejoignent la Méditerranée.

Sébastian Münster, *Africa XXV Nova Tabula*, nouvelle édition de la *Géographie* de Ptolémée, 1540.

UN JÉSUITE POLYGLOTTE

Pedro Páez naît en 1564, non loin de Madrid, dans la petite ville d'Olmeda de la Cebolla. À dix-huit ans, il entre au noviciat de la Compagnie de Jésus. Mais la théologie et la philosophie l'intéressent moins que l'aventure. À l'exemple de son cousin Esteban, devenu provincial des jésuites du Pérou, il se veut missionnaire. Vœu exaucé ! Le voici en Inde, à Goa. Qu'il quitte peu après pour accompagner un autre jésuite, Antonio Monserrate, envoyé en Éthiopie pour prêter assistance au dernier prêtre présent dans le pays et âgé de soixante-douze ans. Voyage à très hauts risques, tous les ports étant alors tenus par les Arabes et les Turcs, donc les chrétiens interdits de séjour. Les deux missionnaires ont beau se déguiser en commerçants arméniens, ils sont démasqués puis arrêtés. S'ensuivent sept années de captivité parachevées par six mois de galères. Le roi d'Espagne ayant personnellement payé leur rançon, ils sont libérés. Retour à Goa de nos deux amis, devenus, comme on imagine, parfaitement arabophones.

Personnalité obstinée, Pedro Páez repart pour l'Éthiopie en 1603, de nouveau déguisé en Arménien. Cette seconde tentative sera la bonne. En attendant d'être reçu par le négus, il apprend l'amharique, langue de la cour, et le guèze, langue liturgique des coptes. Le roi des rois finit par l'accueillir, vite séduit par les bonnes manières, humbles et respectueuses, de l'étranger mais surtout par ses connaissances linguistiques. Páez devient d'autant plus proche du pouvoir qu'il révèle d'autres talents, de charpentier, forgeron et bâtisseur. Tant et si bien que le nouveau négus abandonne sa religion orthodoxe pour se convertir au catholicisme.

Entre-temps, Páez a parcouru le pays, découvert l'immensité du lac Tana, crapahuté dans les montagnes pour saluer les torrents qui l'alimentent. Plus tard, il décrira l'émotion qui l'étreint ce jour-là : « J'avoue ma joie d'avoir sous les yeux ce que Cyrus et son fils Cambyse, comme Alexandre le Grand et Jules César, ont tant désiré connaître. » Il venait de découvrir, le 21 avril 1618, rien moins que… la source du Nil bleu, cette partie principale du grand fleuve : 80 % de ses eaux.

Ce formidable jésuite passera le reste de son âge à écrire l'histoire de ce pays qui l'avait envoûté, comme tous ceux, dont nous sommes, qui ont eu la chance de le visiter. Sitôt foulées ces hauteurs, vous sentez en vous comme une sensation d'origine. Sources du fleuve, mais pas seulement. De temps d'avant le temps. De langues d'avant Babel. De légendes et de vérités mêlées, de religions férocement concurrentes et pourtant si proches, de peuples aussi frères que toujours prêts à s'égorger. Addis-Abeba est la porte qui ouvre sur la Bible. Un autre cœur se révèle en vous. Prenez-vous le pouls : il s'est mis à battre une autre mesure, un rythme plusieurs fois millénaire.

On ne sait jamais, si une nouvelle pandémie vous confine, apprenez le latin et plongez-vous dans l'œuvre monumentale d'un certain Camillo Beccari, le *Rerum Aethiopicarum*, dont les tomes II et III pillent le récit du père Pedro.

Restait à trouver la source de l'autre partie, dite « blanche », du Nil, celle qui rejoint les eaux « bleues » à Khartoum (Soudan).

Cette exploration-là prendrait du temps, pas moins de… deux cent cinquante ans. Car Dieu sait s'il n'avait pas été facile de rejoindre l'Éthiopie, des marais peuplés de bêtes aussi diverses que dangereuses barraient encore plus efficacement la route du Sud.

LE PREMIER DES FOUS CURIEUX

Parmi les êtres humains atteints par la fièvre de connaître, nul, sans doute, ne mérite mieux ce titre que Richard Francis Burton, le codécouvreur de cette autre origine du Nil. Né le 19 mars 1821 à Torquay (sud de l'Angleterre) et mort d'une crise cardiaque le 20 octobre 1890 à Trieste, au nord de Venise, ce vivant boulimique aura tout vécu, tout exercé, tout expérimenté (dont l'interdit), tout traversé et presque tout appris, par exemple vingt-neuf langues et onze dialectes. Vite renvoyé (pour indiscipline et violence) du Trinity College d'Oxford, il s'engage dans l'armée des Indes où divers relevés topographiques lui sont confiés. Non content d'apprendre ainsi les techniques de l'exploration, il prend le goût du déguisement pour se fondre dans les foules indigènes et en saisir, voire en partager plus intimement, coutumes et pratiques. C'est ainsi que l'un de ses premiers (innombrables) écrits est un rapport sur un lupanar d'enfants prostitués dans la province du Sind (aujourd'hui au Pakistan). Hélas, ce rapport, qui devait demeurer secret, sera divulgué. Quelques soucis s'ensuivirent : la précision de ses descriptions n'impliquait-elle pas une participation trop… personnelle ? Mieux valait prendre l'air. Après un bref retour en Angleterre, la Royal Geographical Society le charge d'en savoir plus sur la péninsule Arabique. S'étant teint les cheveux, bruni la peau, et ayant changé de nom pour celui de Mirza Abdullah el-Bushiri, il rejoint une caravane de pèlerins en route à dos de chameau vers les lieux saints de l'islam. De ce long, très documenté et fort dangereux voyage – la découverte de sa véritable identité d'infidèle l'aurait, dans l'instant, condamné à mort – il tirera en 1855 un premier best-seller : *Une narration personnelle d'un pèlerinage de Médine à la Mecque*.

Retour dans l'armée et nouveau projet d'exploration, cette fois vers Harar, dans l'est de l'Éthiopie, une autre ville sainte de l'islam, où aucun chrétien n'a jamais pénétré. Plein succès, il est reçu par l'émir, mi-invité, mi-prisonnier. Revenu tant bien que mal en Somalie, il est attaqué par une tribu. Une lance lui traverse la joue, et son lieutenant, le futur très célèbre John Hanning Speke, est sévèrement blessé. Ils s'en sortent par miracle. Pas de quoi rebuter des Fous Curieux.

La Royal Geographical Society, toujours elle, apporte des fonds pour éclaircir cette fois le mystère de ces régions plus au sud. Les nomades y signalent une « mer intérieure ». Se pourrait-il qu'elle aussi alimente le Nil ? Bref, à peine les plaies recousues, il est urgent de repartir.

Malgré mon envie de tout vous conter par le menu, tant est riche en péripéties rocambolesques cette formidable épopée, sachez que les deux explorateurs finissent par atteindre, épuisés (Speke est provisoirement aveugle, Burton tremblant de fièvre et quasi paralysé) mais bouleversés d'émotion, la fameuse étendue d'eau, je veux dire le lac Tanganyika (32 900 kilomètres carrés, superficie de la Belgique). Est-ce bien là cette source depuis si longtemps cherchée ? Burton est trop malade pour les relevés qui en apporteraient la preuve.

Tandis qu'une partie des porteurs le ramène, à bout de forces, vers la côte, une autre accompagne Speke plus au nord, vers une autre « mer », également signalée. Le 3 août 1858, il parvient au bord d'un lac encore plus grand que le précédent, que les locaux appellent Ukéréoué et qu'il rebaptise, du nom de sa reine, Victoria Nyanza, ou lac Victoria.

Cela fait, il galope vers Zanzibar. Bonne nouvelle : Burton tarde à se rétablir ! Speke s'embarque au plus tôt pour l'Angleterre où il va pouvoir annoncer, seul, SA découverte. Lorsque, enfin rétabli, Burton regagnera Londres et sa Royal Society, il lui faudra lutter pour faire reconnaître sa part dans la découverte de la source manquante.

Le secret de cette deuxième partie du Nil étant percé, notre explorateur va pouvoir s'adonner à d'autres curiosités. Une loi de 1857 menaçant de prison ceux qui publient des « obscénités », il crée une maison d'édition réservée aux seuls membres de la Société du Kama Shastra. On lui doit de précieux et délectables ouvrages, sinon tous et complètement traduits par notre polyglotte, du moins transmis (et sauvés) par lui. Notamment une version intégrale (en SEIZE volumes) et non expurgée des *Mille et Une Nuits* ainsi qu'un pur trésor, *Le Jardin parfumé*, du cheikh Nefzaoui, manuel d'érotologie arabe. Notons que ce mari amoureux en avait préparé une édition posthume (et plus copieuse) dans l'idée généreuse que sa veuve en tire des revenus susceptibles de rendre sa vie plus douce. Peine perdue ! Isabel, ladite veuve, craignant les condamnations, jeta au feu les feuillets délicieux !

Oui, vive ce Fou Curieux né à Torquay deux jours avant la venue du printemps 1821 ! Il prouve, en était-il besoin ?, que ces fleuves qui coulent en nous ne sont pas faits que d'eau mais aussi de mots et d'émois, d'histoires, grandes et petites, de vérités avérées comme autant de songes improbables, de légendes et de mélodies.

TROISIÈME PARTIE

Le cercle rouge

La Vie est un cycle.

Nous savons que l'eau, dans tous ses états, solide, liquide ou gazeux, ne cesse de circuler entre tous ses réservoirs : l'Océan, l'atmosphère, les glaciers, les rivières et les fleuves, et les nappes plus ou moins profondes.

De cette « science hydrologique », on cite souvent le résumé, aussi vrai que poétique, qu'en a proposé son ancêtre, Xénophane de Colophon (cinq siècles avant Jésus-Christ) : « C'est de la chaleur du Soleil que proviennent tous les météores. Le Soleil pompe l'humidité de la mer ; l'eau douce, en raison de sa légèreté, se sépare. Puis, se résolvant en brouillard, forme les nuages ; par suite de l'épaississement la pluie tombe, à moins qu'elle ne se dissolve en vents[1]. » Ce cycle, animé donc principalement par l'énergie solaire, comporte sept étapes : évaporation, transpiration (des végétaux), condensation, précipitation, ruissellement, infiltration, circulation (souterraine).

---

1. Fragment à retrouver dans Aétius, *Opinions*, Livre II (1879), trad. G. Lachenaud, Les Belles Lettres, 1993.

À côté de ce « grand » cycle de l'eau, il en est un « petit », qui comprend, lui aussi, sept étapes : le prélèvement d'eau brute, sa purification pour la rendre potable, son stockage, sa distribution, la collecte des eaux usées, leur traitement, et enfin leur rejet dans le milieu naturel. Cette fois, le « moteur » de cette circulation est l'énergie vitale, le besoin d'eau qu'ont les hommes, et leur activité, depuis la nuit des temps.

Comment ne pas penser à la circulation du sang, qui, elle aussi, comprend deux cycles, un « grand » et un « petit » ? Comment ne pas s'émouvoir de cette nouvelle analogie et s'interroger à son propos ?

LE PREMIER DES IRRIGUANTS

Parmi tous les fleuves qui coulent en nous, le plus vital est celui de l'amitié. Fleuve ou bateau sur lequel on embarque et qui permet d'aller explorer toujours plus loin. Fleuve, bateau ou chaîne qui, au contraire d'emprisonner, tisse des liens qui vous libèrent en vous agrandissant et vous diversifiant.

Chère lectrice, cher lecteur, vous vous direz sans doute que mon si vif intérêt pour les cardiologues relève d'une hypocondrie pathologique. Et vous n'aurez pas tort : il paraît que le rythme accéléré de mon existence entraîne quelque risque de décès prématuré. Mais les raisons rationnelles d'aimer n'ont jamais empêché les sentiments véritables. Quoi qu'il en soit, l'âge étant pour moi venu, je n'ai maintenant plus rien à craindre.

On se souvient de la conversation de Serge Gainsbourg avec l'un de ses « grands » médecins :

— Si je ne bois pas, si je ne fume pas, si je ne baise pas, est-ce que je vivrai plus longtemps ?

— Ce n'est pas certain. Mais le temps vous paraîtra plus long.

J'ai connu mon premier cardiologue grâce à Bernard Kouchner. Lequel venait de créer Médecins du Monde, et rentrait de mer de Chine. J'étais tout jeune éditeur chez mon grand frère Jean-Pierre Ramsay : j'ai aidé Bernard à raconter sa formidable aventure médicale et humanitaire, dans *L'Île de lumière* (1980), du nom du vieux navire sur lequel il avait recueilli des réfugiés vietnamiens et cambodgiens. Bernard m'a fait rencontrer un membre très actif de sa bande, par ailleurs petit neveu d'Albert Schweitzer, le flamboyant chirurgien Alain Deloche, plus tard créateur de La Chaîne de l'espoir, qui opère les enfants malades du tiers-monde.

Alain m'a dit un jour : « Puisque tu t'intéresses à la médecine, va donc écouter Fabiani, non seulement c'est lui qui, le moment venu, te "pontera" le mieux, mais c'est le meilleur de nos conteurs. » Il avait raison.

Longtemps chef du service de chirurgie cardiovasculaire à l'hôpital Georges-Pompidou, Jean-Noël est enseignant dans l'âme. Il passionne ses auditoires et emporte ses lecteurs quand il raconte l'histoire de la médecine. Avec sa verve inimitable, il a bien voulu évoquer pour moi le point de départ de cette recherche qui allait durer plus de deux mille ans :

— Pour un médecin de l'Antiquité, quelle peut être la différence entre un mort et un vivant ? La réponse est simple et indiscutable : l'un est froid quand l'autre est chaud. Cette réponse, confirmée par un examen clinique que chacun peut réaliser, va avoir des conséquences imprévisibles. Quel est donc l'organe responsable de cette « chaleur » ? En d'autres termes, quelle est la chaudière du corps ? À l'évidence, le cœur ! À travers la poitrine, on le sent et l'entend battre en permanence. C'est ainsi que le cœur devint synonyme de chaleur vitale, hypothèse encore étayée, s'il en était besoin, par la proximité des poumons qui, tels des soufflets, étaient chargés de raviver ce feu de braise s'il venait à défaillir. Aristote y ajoutait même le siège de l'esprit, qui ne pouvait à l'évidence jaillir que d'un organe chaud. Aucune circulation du sang dans ce schéma.

Vous imaginez bien que le professeur aurait pu continuer sur sa lancée. Mais j'avais rendez-vous avec un autre cardiologue, François Boustani, dont le point de vue me passionnait. Libanais, il avait choisi d'étudier en France dès l'été 1975, au tout début de la guerre civile qui allait ensanglanter son pays, terre de diversité jusqu'alors et de féconde entente entre les communautés. Dans un livre absolument formidable[1], il décrit LA découverte (de la circulation du sang) comme une sorte de *pulsation* entre l'Occident et l'Orient. Tantôt une effervescence de savoir anime l'ouest de la Méditerranée. Puis arrive un moment où cette fièvre s'arrête, comme épuisée, arrivée au terme de son énergie. Une longue période sans progrès s'ensuit. Jusqu'à ce que soudain, une flamme renaisse de l'autre côté de la mer, du côté des Arabes. Et le progrès repart.

---

1. François Boustani, *La Circulation du sang. Entre Orient et Occident, l'histoire d'une découverte*, Philippe Rey, 2007.

Les êtres de mon espèce, qui prennent les analogies comme de la poésie, c'est-à-dire des signes précurseurs de la vérité, ne peuvent qu'être séduits par une telle approche. Tout se passe comme si le mouvement de la connaissance avait été de semblable nature que le sujet de l'étude. De même que le cœur bat en deux temps, se contracte avant de se relâcher, le savoir avait, deux mille ans durant, suivi le même rythme d'alternance.

Comme l'affirment les Chinois, nombreux sont les pouls. Celui de la science est l'un d'entre eux.

L'ÉCOLE D'ATHÈNES

Si les peuples nomades du désert se divertissent, faute de mieux, à étudier l'astronomie et l'algèbre, leurs voisins des rives méditerranéennes, nourris d'échanges, se passionnent pour la foule qui les entoure : quel est donc cet étrange animal nommé « être humain » ? Que veut dire « penser », puisqu'il semble que ce soit sa spécialité ? Quelle est cette mystérieuse machinerie qu'on appelle un corps ? Et comment fonctionne cette autre mécanique nommée « société » ?

Dans cette quête fervente, la capitale grecque joue le premier rôle. Cinq siècles avant Jésus-Christ.

L'École d'Athènes, la très grande fresque de Raphaël que l'on peut admirer au musée du Vatican, s'est donnée pour propos de rendre hommage aux plus illustres penseurs de cette Antiquité si vivante encore aujourd'hui. Parmi tous les personnages, mes amis cultivés m'assurent que ce vieil homme à cheveux blancs, oui, celui-là, au centre du tableau, c'est Platon, pas moins. La preuve ? Il montre le ciel, le paradis des « Idées », le seul séjour des vérités immuables, dont notre réalité n'est qu'un pâle reflet. Ces vérités, n'oubliez pas, répète Platon, nous ne les atteindrons que par l'esprit, en nous dégageant des informations incomplètes ou fausses, celles qui nous sont fournies par nos sens. Sur sa gauche, le jeunot à toge bleue, c'est, vous l'avez bien sûr reconnu, son élève préféré, à savoir Aristote. Un disciple qui s'est séparé de son maître. Regardez sa main ! Se dirigeant plutôt vers le sol, le message d'Aristote est clair : c'est ici-bas, par une observation méthodique, qu'il faut chercher le Vrai.

Ainsi se trouve résumée l'opposition entre les deux attitudes possibles face à la connaissance.

Mais la folle aventure d'Alexandre le Grand (356-323 avant Jésus-Christ) va entraîner le déclin d'Athènes. À la mort du conquérant, ses généraux se partagent son empire. Ptolémée Sôter (« le Sauveur ») s'empare d'Alexandrie, la ville créée par son ancien patron, et va en faire le plus haut lieu de la connaissance.

Trois facteurs expliquent cette réussite lumineuse. Une recette encore valable aujourd'hui. D'abord le *climat cosmopolite* : un tiers de Grecs, un tiers de Juifs, un tiers d'Égyptiens, chacun de ces peuples apportant sa culture.

Ensuite, une *volonté politique*, incarnée dans un ensemble de *programmes publics*. Le meilleur exemple en est la célèbre bibliothèque, et sa folle ambition (accomplie) : y rassembler TOUS les ouvrages d'intérêt présents dans le monde. Plus de sept cent mille rouleaux de papyrus arrivèrent ainsi et peuplèrent les rayonnages. Les bâtiments ne font pas tout. Il faut des savants. Ptolémée les attire, d'où qu'ils viennent, par des conditions de travail qu'ils ne connaîtront nulle part ailleurs : des salaires plus élevés, des logements plus confortables, des lieux et des occasions de rencontres incomparables. Une telle politique de la recherche ne vous rappelle-t-elle pas celle de l'Amérique, avec ses universités richissimes, ses usines à fabriquer des Nobel ?

Enfin, source, toujours, de vives contestations, légitimes : une *totale liberté d'expérimentation*, que n'entrave aucun principe humanitaire ou religieux. Durant une brève période, à peine cinquante ans, la première moitié du IIIe siècle avant Jésus-Christ, autorisation fut donnée, sans limite aucune, de disséquer les cadavres. Une opportunité vertigineuse pour les curieux d'anatomie et de physiologie ! Mais pourquoi s'en tenir aux morts ? Leur étude ne renseignera que très incomplètement sur ce qui nous intéresse d'abord, le fonctionnement de la vie. En conséquence, les prisonniers furent à leur tour tirés de leur geôle et priés de bien vouloir offrir, tout vivants, leur corps à la science. Hélas pour la connaissance, cette liberté ne dura pas. Les religions diverses, offusquées par ces pratiques, ne tardèrent pas à réintroduire les vieux interdits.

Plus de deux millénaires ont beau s'être écoulés, sur le fond rien ne change. Les terreaux fertiles pour la recherche suivent toujours de semblables lois. Et la même interrogation, fondamentale, demeure : l'impératif de connaître l'emporte-t-il sur toute autre considération ? Sans oublier la très gênante question corollaire : la *possibilité* de faire nous en donne-t-elle l'*autorisation* ? Rappelons, par exemple, l'interdiction, en France, de conserver les cellules souches du cordon ombilical à des fins privées.

GALIEN

Claude Galien naît vers 131 à Pergame, Asie Mineure (ouest de l'actuelle Turquie), dans un milieu très propice au savoir. Avec sa bibliothèque de deux cent mille manuscrits, sa ville se veut rivale d'Alexandrie, et y prospère un centre médical réputé. Galien vient d'avoir vingt ans lorsque meurt son père, très aimant et très aimé, par ailleurs célèbre architecte. Il en hérite, outre une inébranlable confiance en lui-même, une belle fortune qui va lui permettre de poursuivre sans entraves sa quête de vérité. Ayant choisi la médecine, il voyage partout où on l'enseigne. Revenu à Pergame, il est nommé, à trente ans, suprême et précoce honneur, « médecin des gladiateurs ». Occasion rêvée, les dissections de cadavres humains étant de nouveau proscrites, d'étudier nombre de blessures graves. C'est alors que lui vient sa première, et sans doute principale, découverte : les artères ne contiennent pas d'air, mais du sang.

De ces observations, sa vive imagination va tirer des conclusions erronées, qui auront une durée de vie autrement plus longue que celle de ses patients gladiateurs : un millénaire et demi. Pour Galien, c'est à l'évidence le foie, cette grosse masse rouge, qui fabrique le sang. Le flot qui en sort va se diviser en deux parties : la principale s'en va irriguer toutes les régions du corps. Cette mission accomplie, il quittera le corps, par la transpiration. Le reste du sang remonte vers le cœur. Arrivée dans le ventricule droit, une partie gagne les poumons, l'autre rejoint le ventricule gauche, toujours considéré comme une chaudière. Le sang y cuit, se met à bouillonner, aidé par l'air venu des poumons. Cette cuisine faite, le sang, bouillonnant, est envoyé par les artères dans le corps pour lui transmettre sa chaleur : c'est l'« élan vital ».

La fausseté de ce schéma complexe vient de ses bévues anatomiques : ces « trous minuscules », dans la cloison du cœur séparant les deux ventricules, n'existent pas. Seul Galien les a observés. Le sang NE PASSE PAS d'un ventricule à l'autre ! Autre erreur : le cœur N'EST PAS une chaudière !

Mais surtout Galien refuse de voir dans ce mouvement du sang une *circulation*. Au lieu d'un *cycle*, il s'obstine à décrire l'enchaînement *création-disparition*.

Comment expliquer l'invraisemblable longévité de ces thèses ? La très arrogante assurance de leur auteur (« Je pense qu'on ne peut rien ajouter à ce que je viens de dire ») ne suffit pas ! François Boustani répond.

Durant ses incessants voyages, Galien avait rencontré et partagé la vie de très nombreuses communautés juives et chrétiennes. Elles l'avaient convaincu de l'existence d'un seul Dieu. Conviction que, jusqu'à la fin de sa vie, il n'avait cessé de proclamer, notamment dans son *Traité de physiologie*, où le corps humain est présenté comme l'une des œuvres du Créateur. Galien s'était ainsi choisi des alliés dont le poids, celui de l'Église catholique, n'allait cesser de se renforcer au fil du temps. Remettre en cause la moindre de ses analyses s'apparentait à une hérésie.

UN ÂGE D'OR ARABE

Neuf siècles passent, encalminés dans les erreurs de Galien.

Mais le monde a changé. Comme le raconte François Boustani, en de nouvelles pages passionnantes[1], une autre « chaîne du savoir », arabo-musulmane, a pris le relais des penseurs grecs.

Né à La Mecque vers 571, Mahomet fonde une nouvelle religion monothéiste. Il incarne deux personnages : le prophète, porteur d'un message religieux, comme Jésus ; mais c'est aussi un bâtisseur d'empire, tel Charlemagne. Partant de la péninsule Arabique, la double conquête est rapide : la nouvelle religion s'impose en même temps que les armées arabes prennent possession de tout le Proche-Orient, de Byzance au Caire, avant de s'emparer de l'Espagne. Un immense espace commun est créé, doté d'une langue unique, partout imposée : l'arabe. Les conditions sont réunies pour que se développent les échanges. Et qu'ainsi recommence à progresser le savoir. Les bibliothèques se multiplient, les traducteurs (notamment syriaques) font

1. François Boustani, *op. cit.*

connaître les ouvrages grecs et romains, des institutions nouvelles sont créées (par exemple les hôpitaux, ayant pour rôle seulement de soigner, au lieu des « hôtels-Dieu » chrétiens, plutôt des hospices), la pharmacopée bénéficie de toute l'expérience botanique accumulée dans ce gigantesque territoire. Et même si l'exploration des cadavres demeure toujours interdite, l'anatomie livre l'un après l'autre tous ses secrets.

C'est dans cette effervescence de la curiosité, et grâce à elle, que paraît Ibn al-Nafis. Il voit le jour à Damas en 1210, mais passera au Caire toute son existence. C'est lui qui va réfuter Galien et découvrir la « petite circulation » (dite aussi « pulmonaire »). Écoutons-le.

> Ils disent que le cœur comporte trois ventricules. Ce sont des paroles erronées. Le cœur comporte deux ventricules seulement. L'un contient le sang, et il est à droite. L'autre contient l'esprit, et il est à gauche. Et il n'y a *aucune communication* entre eux, sinon le sang contaminerait l'esprit et pourrirait sa substance. La dissection dément ce qui a été dit à ce sujet. *La paroi entre les deux ventricules est plus épaisse que nulle part ailleurs*… En conséquence l'opinion selon laquelle le sang du ventricule droit arriverait dans le ventricule gauche en passant par des porosités est *archifausse*[2].

Et ceci : « Le sang arrive au ventricule gauche *par les poumons après qu'ils les ont reçus du ventricule droit.* »[3]

2. *Ibid.*
3. Citations extraites de l'ouvrage de François Boustani, *op.cit.*

Le texte de cette description, parfaite, ne sera retrouvé que… sept cents ans plus tard, en 1924, par un étudiant égyptien, un certain Muhyi al-Din al-Tatawi. Il tombe sur un ouvrage arrivé, on se demande par quels chemins, dans la Bibliothèque nationale de… Berlin.

Des chercheurs chrétiens ont-ils eu, bien avant, connaissance des travaux d'Ibn al-Nafis ? On ne peut l'affirmer. Si tel est le cas, ils se sont bien gardés de l'avouer pour conserver la gloire de leur avancée.

L'HEURE DE LA RENAISSANCE OCCIDENTALE ÉLOGE DE PADOUE

La dissection des corps, morts ou vivants, d'animaux ou d'humains, demeure l'ultime recours pour vérifier la validité d'une hypothèse. Encore faut-il que cette tâche ne soit pas confiée à quelque barbier ignorant du fonctionnement des organes. C'est au chercheur, généralement médecin, de *pratiquer* lui-même. En d'autres termes, pour progresser, on doit passer de la *dissection* à l'*autopsie*, un mot qui vient du grec *autopsia* : « action de voir par ses propres yeux ».

Et c'est « en voyant par ses propres yeux », inspiré ou non par Ibn al-Nafis, qu'un dénommé André Vésale va poursuivre le travail. Sa vie est un hommage à la fécondité de l'Europe. Il naît en 1514, à Bruxelles, dans une famille qui le prédispose au savoir : son père est l'apothicaire de... Charles Quint, et ils habitent... face au gibet, donc à proximité de cadavres. Fasciné par ce spectacle, à peine âgé de quinze ans, il réunit des amis pour aller nuitamment les décrocher, histoire d'aller en percer les secrets dans un entrepôt voisin.

Après des études à Louvain puis à Paris, sa réputation déjà bien établie le fait appeler à Padoue où lui est confiée rien moins que la chaire de chirugie et... d'anatomie. Autopsiant nuit et jour, il publie, à vingt-neuf ans, un ouvrage majeur, sept livres, six cent soixante-trois pages, deux cents gravures, et un titre qui annonce l'ambition : *De humani corporis fabrica*. La fabrique du corps humain.

Les honneurs s'ensuivent. Dépassant son père, il devient médecin de l'empereur Philippe II. Continuant ses voyages, il se rend à Jérusalem. Sur la route du retour, un naufrage le jette sur la côte de l'île de Zante, à l'ouest du Péloponnèse. Des paysans le recueillent. Chez eux il mourra peu après du typhus, le 15 octobre 1564. À quarante-neuf ans.

Circulation du sang, circulation des idées… comment ne pas, une fois encore, être saisi par les analogies ?

C'est ici qu'intervient un autre personnage de roman, Andrea Alpago. Diplômé de l'université de Padoue, il est envoyé à Damas au consulat de Venise. Sous couvert de mission médicale, il espionne. Bientôt fasciné par l'Orient, Lawrence d'Arabie avant la lettre, il en prend les costumes, en apprend la langue et en traduit les ouvrages majeurs. Il est fort probable que les écrits d'Ibn al-Nafis aient fait partie de ses découvertes, mais on n'en a trouvé aucune traduction en latin.

Le mystère demeure. Soit les chercheurs européens ont eu vent de la découverte arabe et se sont bien gardés de révéler leur source. Soit, comme il arrive souvent, l'avancée du savoir était telle, après l'ouverture et l'exploration de tant de corps, depuis tant de siècles, que la vérité a fini par s'imposer au même moment dans de nombreux cerveaux préparés. Par exemple Realdo Colombo (1516-1559), successeur de Vésale à Padoue. Son livre, *De re anatomica*, publié après sa mort, est le fruit direct de ses observations : « Les vivisections en apprennent plus en un jour que trois mois de lecture de Galien. » Il y décrit parfaitement la « petite circulation ». Le sang ne passe pas du ventricule droit au ventricule gauche : « Son chemin est beaucoup plus long. Il est porté par l'artère au poumon, où il est rendu plus léger. Ensuite, mélangé à l'air, il est envoyé par une veine au ventricule gauche. » Tout est dit. Mais Servet n'avait-il pas raconté exactement la même histoire quelques années auparavant ?

Quels romans que ces existences ! Qui a dit que la recherche était une activité de sédentaire ? Marguerite Yourcenar ne s'y est pas trompée. Du temps où j'exerçais l'improbable métier de « conseiller culturel », je me souviens d'un déjeuner à l'Élysée où elle expliquait à un François Mitterrand muet d'admiration, une fois n'est pas coutume, comment, pour son maître livre, *L'Œuvre au noir*, elle avait bâti son héros Zénon en mêlant Vésale et Servet.

Pour achever l'histoire de la découverte, il faudra attendre encore deux siècles, et les explications d'un chimiste, Lavoisier. C'est lui qui décrira les mécanismes de l'oxygénation du sang et de l'élimination du dioxyde de carbone.

LA GRANDE CIRCULATION

En ce début du XVIIe siècle, les esprits éclairés s'accordent sur l'existence d'un parcours du sang, cœur-poumons-cœur. Pour le reste, il est toujours admis que le sang quitte le cœur pour s'en aller jusqu'aux extrémités du corps. Sa mission remplie, le sang disparaît, par évaporation.

Les recherches se sont poursuivies dans les universités transalpines, et d'abord à Padoue, toujours premier pôle des découvertes dans ce domaine. Andrea Cesalpino (1519-1603) et Girolamo Fabrici d'Acquapendente (1533-1619), à force de dissections, découvrent le rôle de valves, aussi bien dans le cœur lui-même que dans les veines. Ces valves sont disposées de telle sorte que le sang ne peut revenir en arrière. Au lieu de ressembler à un fleuve qui se perd dans la mer, il continue son parcours. L'idée d'un mouvement circulaire, d'une *circulation* se fait jour.

On n'est pas loin du but. Comme on dit aux enfants qui s'approchent d'une cachette : « Tu brûles ! »

Au revoir l'Italie, et merci ! C'est une île qui va prendre le relais. Une île dans laquelle bon nombre de vérités vont surgir, et pas seulement médicales, mais astronomiques avec Newton, sans compter d'autres avancées, d'ordre politique. Une île, c'est-à-dire un bateau, ouvert à toutes les explorations et à tous les commerces. Depuis quelque temps déjà, la Méditerranée n'est plus le centre du monde.

Dans cette île d'Angleterre, la bataille fait rage entre les tenants de la tradition et les passionnés de l'observation. Une bataille dans laquelle ne s'affronteront pas seulement des idées mais des armées, dans une violente guerre civile, qui aboutira à la mort du roi Charles Ier, décapité le 30 janvier 1649.

William Harvey naît en 1578, d'un père commerçant. Fasciné par l'anatomie, il part se former à… Padoue, avant de regagner Londres, où il devient l'un des médecins les plus réputés.

Alors que l'Université continue de psalmodier Aristote et Galien, une chaire *privée* a été créée, la *Lumleia lecture*, du nom de son mécène, lord Lumley. Cet enseignement comporte un rituel : chaque début du printemps, durant cinq jours et devant une assistance enthousiaste, le titulaire de la chaire dissèque un cadavre. C'est à cette occasion que, les 16, 17 et 18 avril 1616, William Harvey, le nouveau *Lumleian lecturer*, présente sa découverte. Un livre est publié : *Exercitatio anatomica de motu cordis et sanguinis in animalibus* (Exercice anatomique sur le mouvement du cœur du sang chez les animaux).

De ce « mouvement » du sang, le cœur est enfin reconnu comme le moteur, qui fonctionne comme une pompe. Cette pompe comporte deux parties : le « cœur droit » et le « cœur gauche ». Ils ont la même structure : au-dessus, une « oreillette ». Son rôle est de recevoir le sang. Puis de le transmettre à la cavité du dessous, un « ventricule », qui va l'éjecter. Tels sont les premiers acteurs du « mouvement ».

Premier cycle, dit « grande circulation ». Le sang « rouge » contenu dans l'oreillette gauche est transmis au ventricule gauche, qui le chasse dans l'aorte. Laquelle, via des artères de plus en plus fines, va le distribuer dans tout le corps pour leur apporter tous les nutriments et l'oxygène dont ils ont besoin. Ce gros travail achevé, le sang s'est empli de déchets et de gaz carbonique qu'il faut évacuer. De « rouge », on va le dessiner en « bleu ». C'est un autre réseau, celui des veines, qui va reconduire au cœur, plus précisément à l'oreillette droite, tout ce sang « impur » (chargé en dioxyde de carbone). Et le même mécanisme se reproduit pour le second cycle.

Lors de la « petite circulation », le sang « bleu » est donc transmis de l'oreillette droite au ventricule droit, qui l'envoie aux poumons par une artère logiquement baptisée « pulmonaire ». Ainsi, le sang échangera son CO_2 contre l'oxygène inspiré avant d'être renvoyé, redevenu rouge, vers l'oreillette gauche.

Pour identifier ce double « mouvement », et pour rendre au cœur le rôle qu'il mérite, déterminant, il a fallu plus d'un millénaire. Onze siècles d'inlassable curiosité.

Onze siècles d'avancées soudaines, précédant de longues stagnations, d'interminables obstinations dans des erreurs évidentes, interrompues subitement par un nouveau progrès. Suivre ce rythme, c'est prendre le pouls d'un autre « mouvement » vital, celui de la connaissance. Et mieux comprendre les causes de ses maladies comme le secret de sa bonne santé possible.

Près d'un siècle et demi plus tôt, Christophe Colomb puis Vasco de Gama et Magellan avaient ouvert de nouvelles routes sur les mers. Maintenant, c'était au tour du sang de livrer les mystères de son parcours. Bientôt, la ronde des planètes sera conviée au spectacle de tous ces fleuves qui coulent en nous, sur notre planète et tout autour, dans le ciel étoilé.

SIX AUTRES CŒURS

Une semelle, un mollet, une hanche. Qui pourrait croire que des cœurs se logent dans ces endroits dédaignés ?

Gloire à Félix Lejars ! Né en 1863 dans le tout petit village d'Unverre (Eure-et-Loir, non loin de Châteaudun), très tôt orphelin de père, élevé par sa mère, il entre en chirurgie, dont il va vite étendre le champ et révolutionner les méthodes. De son œuvre prolifique, retenons son *Traité de chirurgie d'urgence* (1899), qui va le rendre célèbre dans le monde entier ; un récit bouleversant, *Un hôpital militaire à Paris pendant la guerre. Villemin 1914-1919* (1923) ; et, avec Édouard Quénu, des *Études sur le système circulatoire* (1894), qui décrivent cette fameuse « semelle » qui porte aujourd'hui son nom : la « semelle de Lejars ».

Il s'agit de ce maillage de veines qui tapisse la plante de nos pieds. C'est là que, venu du cœur, s'accumule le sang, par l'effet universel de la gravité. Il pourrait y demeurer stagnant, avec toutes les conséquences malheureuses que l'on imagine, à commencer par de très pénibles gonflements… Par chance, la marche existe. Qui ne se contente pas d'appuyer bêtement nos pieds sur le sol. À chaque pas, et sous la pression du pied, la semelle plantaire est pressée comme une éponge trop pleine et renvoie le sang dans la jambe.

Mais nous ne sommes qu'au début du chemin ! La route de retour du sang est encore longue jusqu'au cœur, d'où il vient et qui l'attend. C'est alors qu'intervient le mollet. Quand lui rendrons-nous enfin l'hommage qu'il mérite ? Pauvre mollet, tantôt trop développé pour l'esthétique en vogue, tantôt trop fluet ou trop mou, bref jamais apprécié à sa juste valeur. À la différence d'autres parties du corps, pourtant bien moins utiles, qui dira à son aimé(e), je t'aime pour tes mollets ? Autrefois, on le célébrait mieux, avec des pantalons arrêtés au genou et des bas de soie qui en soulignaient le galbe.

Pourtant c'est là, dans ce mollet, que se loge la deuxième pompe qui va prendre le relais de la semelle. Durant la marche, cet ensemble de muscles (nommé « triceps ») se contracte et continue de pousser le sang vers le haut. Des valvules l'aident dans sa tâche. Présentes tout au long de l'intérieur des veines, ce sont de miniportes qui s'ouvrent au passage du sang et se referment sitôt que lui prend l'envie de redescendre.

Le sang arrive ainsi dans l'aine pour se déverser dans la veine fémorale.

Si l'on peut admettre que la majorité des humains sont pourvus de deux pieds, deux jambes et deux hanches, ce sont bien six pompes qui complètent l'action du cœur.

HOMMAGE
À LA CHIRURGIE CARDIAQUE

Parmi tous les progrès accélérés réalisés par l'espèce humaine, la chirurgie cardiaque doit être célébrée.

Gloire aux années 1960, qui n'ont pas connu que les Beatles, la guerre du Vietnam et les révoltes étudiantes. En moins de dix ans, l'impossible a reculé, comme jamais. Revasculariser le cœur (par des « stents » ou des « pontages ») ; remplacer les valves défaillantes ; intervenir dans les artères sans ouvrir le thorax ; et le plus invraisemblable, le plus symbolique, échanger un cœur (très) malade par un autre mieux battant, en d'autres termes, greffer !

Cette prodigieuse avancée n'a été rendue possible que par l'interaction des connaissances, avec des salles d'opération de plus en plus « hybrides », où imagerie, réanimation et circulation extracorporelle appuient le geste du chirurgien. Avec la mobilisation, décisive, de la biologie et de la chimie, ne serait-ce que pour éviter les rejets par l'organisme du corps étranger. Avec l'émulation des systèmes de soins : le public « pur » (comme l'Assistance publique en France), le public avec une dose plus ou moins forte de « privé » (à l'image de l'Institut mutualiste Montsouris, ou l'hôpital Paris Saint-Joseph, pionnier de la chirurgie vasculaire, ou encore l'hôpital Foch de Suresnes...) ; enfin le privé « pur », à l'américaine, avec ces cliniques perdues au fin fond du Minnesota et pourtant devenues légendaires, comme la Mayo Clinic.

De ces prodiges, les auteurs sont connus, et pas seulement étrangers. Certes Norman Shumway, Christiaan Barnard, René Favaloro, Albert Starr... Mais aussi, en France, Alain Carpentier, Christian Cabrol, Alain Cribier, Daniel Guilmet. Et Charles Dubost (premier « cœur ouvert » en Europe), maître de toute une génération de chirurgiens français.

À LA RECHERCHE DE LA CORONAIRE PERDUE

par Jean-Noël Fabiani-Salmon

« Ce sont les artères qui nourrissent le cœur et lui permettent son incessant travail. Elles cheminent à sa surface et forment une couronne (d'où leur nom de « coronaires » !) au dieu qu'il est, organe mythique de toutes les pulsions et de la vie même. Pour le chirurgien cardiaque, c'est aussi l'objet et le but d'une grande partie de ses activités tant le risque d'infarctus fait trembler le monde et qu'un pontage peut éviter l'occlusion de ces artères. Les « pontages coronaires » sont devenus l'opération la plus banale qui soit et les résultats en sont excellents.

Ce jour-là, j'opérais un de mes vieux amis, médecin lui-même, dont la branche principale de la coronaire gauche s'était occluse et qu'il fallait réalimenter grâce au flux sanguin d'un de ces fameux pontages. En dehors du fait qu'il est toujours difficile pour un chirurgien d'opérer un proche ou même une connaissance, les choses se présentaient favorablement, l'équipe était soudée et le départ pour cette aventure se faisait la fleur au fusil. Et pourtant…

Et pourtant dès l'ouverture de la poitrine, le cœur de mon ami semblait un peu différent des autres cœurs.

Car habituellement les coronaires serpentent élégamment à la surface du muscle, bien visibles, toutes rouges, parfois sur un délicat lit de graisse jaune. Leur repérage est plus que facile, c'est même par leur position qu'on voit la séparation des deux ventricules ou celle des ventricules et des oreillettes. Or chez mon ami on ne voyait aucune coronaire à la surface du cœur. Le muscle semblait lisse comme une page blanche, mais sur laquelle il était tout de même prévu d'écrire une grande histoire. Il me fallait partir à la recherche de la coronaire perdue.

Je n'avais rien dit, n'avais fait aucune remarque, n'avais pas haussé le ton des ordres que je donnais à mon instrumentiste. Mais spontanément l'atmosphère du bloc opératoire avait changé. Le léger brouhaha des conversations périphériques s'était tu, les anesthésistes se cachaient derrière leur champ bien dressé et les assistants s'étaient rigidifiés, prêts à bondir sur un instrument à la première alerte. En bref, l'heure était grave, on allait nager dans l'inconnu, chercher ce qu'on savait exister, mais qui s'était caché pour narguer notre habituelle superbe.

En fait de superbe, je commençais plutôt le travail du tâcheron manouvrier qu'est toujours profondément un chirurgien. Si la coronaire n'était pas sur le cœur, c'était bien qu'elle était *dans* le cœur, à l'intérieur du muscle. Il ne restait plus qu'à la trouver. Avec mon bistouri, j'entreprenais donc d'inciser le cœur là où devait obligatoirement cheminer l'artère (je l'avais vue sur la radio, nom d'une pipe !). À la première incision je revins bredouille : il ne me restait plus qu'à la fermer.

À la deuxième je transperçais le cœur et me retrouvais dans le ventricule droit : là encore suture appuyée cette fois sur des attelles de Teflon. Le temps passait et en chirurgie cardiaque le temps rythme l'action. Ainsi, comme le récitant de la tragédie grecque, le perfusionniste (celui qui fait fonctionner la machine cœur-poumons artificiels) intervenait en annonçant la durée pendant laquelle le cœur n'avait pas été perfusé, ce qui pouvait faire redouter des complications en fin d'opération : « Treeente minutes… Quaraaaante minutes. » Le ton devenait terrifiant, et la coronaire n'apparaissait pas pour autant sous la lame de mon bistouri. C'est dans ces circonstances que la fréquence cardiaque du chirurgien atteint des sommets sous l'effet des giclées d'adrénaline sécrétées par ses glandes surrénales. Il doit pourtant rester le plus calme possible et tenter de ne pas communiquer son stress aux autres membres de l'équipe, ce qui serait totalement contre-productif pour le but recherché.

Après encore quelques essais infructueux, qui exacerbaient la tension ambiante, je découvrais enfin la coronaire perdue. Elle était magnifique, fine, comme protégée par le muscle qui l'entourait et la cachait. Comme si sa beauté avait expliqué sa pudeur. Tout redevenait simple. Le pontage fut réalisé facilement en quelques minutes, et le cœur pouvait être défibrillé et assurer d'emblée une pression artérielle stable. Toute l'équipe respirait de nouveau, mais je n'oublierai jamais l'échange de regards que nous avons eu à cet instant avec l'anesthésiste, qui exprimait l'angoisse infinie que nous avions partagée.

Les suites opératoires de mon ami ont été simples. Il reprit rapidement son travail de médecin. Je lui appris évidemment que ses coronaires étaient intramusculaires, mais je lui évitai le récit de la recherche de sa coronaire perdue. C'était mon histoire, pas la sienne ! »

Quelle dramaturgie que ces opérations !

Et quelle angoisse, chaque fois : le cœur ouvert et réparé, on le referme, d'accord, mais va-t-il repartir ? Quelle vie ont ces gens-là ! Comment oublier le récit de Bertrand Goudot, autre chirurgien cardiaque, autre ami cher. On l'avait appelé en pleine nuit, un homme était arrivé aux urgences de l'hôpital Foch, un poignard planté dans le cœur. « Ne touchez à rien, laissez le couteau en place. J'arrive ! » Il paraît que dans ces cas-là, le seul espoir est que la lame bloque l'hemorragie.

ARRÊT BUFFET

Où en étais-je ? Avouons-le, après m'être aventuré dans tellement de domaines qui n'étaient pas les miens, un petit point s'imposait. Et pour digérer les savoirs nouveaux, rien ne vaut un déjeuner solitaire dans mon quartier général : la Tavola di Gio, 210 boulevard Raspail, 75014 Paris, téléphone : 01 43 35 47 17. Sa (délicieuse) cuisine italienne, par on ne sait quel miracle, aide à la synthèse. Mon *vitello tonnato* achevé, accompagné d'une gorgée de Gavi di Gavi (petit blanc sec), j'étalai mes notes et, à mi-voix pour ne pas gêner mes voisins, je me racontai cette formidable histoire :

— Erik, n'oublie jamais la grande différence. L'eau nous a été donnée, *arrivée*, un beau jour, on ne sait pas vraiment quand et encore moins venant d'où. Et depuis la nuit des temps, c'est *la même eau* qui circule. Je sais, cette vérité dérange, ou dégoûte, mais il faut t'y faire : nous buvons la pisse des dinosaures. Tandis que les cellules sanguines sont *fabriquées*, en permanence, dans la moelle de nos os plats à des endroits précis de notre corps : le sternum, la tête des fémurs, les os iliaques… Et elles vont se *spécialiser*.

C'est ainsi que certaines cellules vont devenir « transporteuses » (d'oxygène) : les globules rouges. D'autres recevront pour mission de *protéger* (contre les bactéries et les virus) : les globules blancs. Enfin les plaquettes, vont colmater les plaies, par exemple dans un vaisseau qui saigne parce qu'il a été blessé ; elles permettent au sang de *coaguler* ; sans elles, la moindre égratignure deviendrait hémorragie mortelle.

Le rôle de chacune de ces cellules étant bien établi, il faut maintenant les acheminer à pied d'œuvre, là où les attend leur travail, c'est-à-dire partout dans le corps. Le plus facile est de les déverser dans un liquide qui pourra s'insérer jusqu'à la pointe de nos pieds, le sommet de notre crâne. Ce véhicule idéal, c'est le plasma, jaunâtre de teinte et composé à 90 %… d'eau. Le sang est ainsi un mélange, un alliage, entre des cellules continuellement *créées*, précisément différenciées, et un élément premier, l'eau, sans cesse *recyclée*. Autant l'eau est éternelle, autant les cellules sanguines vivent peu : dix jours, au maximum, pour une plaquette ; cent vingt pour un globule rouge. La moelle osseuse ne chôme pas pour les renouveler sans cesse : cent à mille milliards de cellules sanguines chaque jour.

Je me suis laissé quelque répit, le temps de savourer mes *linguine alla bottarga*. Et j'ai repris mes notes.

— Que sais-je de l'oxygène ? Si j'ai bien retenu, c'est Lavoisier qui donne à cette « portion respirable de l'air » le nom d'« oxygène », en le faisant dériver de deux mots grecs, *oxis*, « acide », et *genesis*, « j'engendre ». L'oxygène est essentiel à la vie. Il apporte l'énergie nécessaire au bon fonctionnement de toutes les cellules. C'est avec son apparition sur terre, grâce à la photosynthèse, que la vie, sous toutes ses formes et à toutes les échelles, a pu naître et se développer. Nous, humains, ne faisons pas exception. Si nous ne recevons pas en permanence notre dose d'oxygène, la vie s'arrête. Or l'eau dissout mal l'oxygène. En conséquence, le sang, constitué principalement d'eau, ne pourrait pas transporter l'oxygène dans tout le corps, alors que telle est sa mission principale. Une fois de plus, une comparaison s'impose. La biochimie ressemble au transport maritime. Et le sang doit se faire armateur. De même que nous dépendons des méthaniers pour nous alimenter en gaz du Qatar ou de Russie, il faut au sang des bateaux. Ce bateau, ce méthanier, c'est l'hémoglobine, une protéine découverte dans les années 1850 par un chimiste allemand, Ernst Felix Hoppe-Seyler. Chaque molécule d'hémoglobine peut fixer quatre molécules d'oxygène. Elle peut transporter soixante-dix fois plus d'oxygène que ne pourrait le faire le seul plasma. Et c'est ainsi que les 5 litres de notre sang véhiculent un bon litre d'oxygène. Notons que si ces globules sont rouges, ils le doivent aussi à cette hémoglobine, riche en fer.

J'avais bien travaillé. Je méritais un dessert (panna cotta *alla vaniglia*, coulis de fruits rouges). À l'évidence suivi d'un limoncello. Et j'ai trinqué au bonheur d'apprendre.

UNE SORTE D'EMBÂCLE

Je me rappelle cet épi géant, un incroyable enchevêtrement de troncs barrant la rivière Saint-Maurice. J'étais allé saluer la forêt québécoise pour mon enquête sur le papier. L'eau débordait de partout. Et d'autres troncs continuaient d'arriver. J'ai demandé naïvement s'il fallait accuser les castors. On m'a ri au nez.

— Non ! C'est l'embâcle. En amont, on a trop chargé les radeaux et voilà le résultat !

Il faut savoir que là-bas, jusqu'à une époque récente, plus que le camion ou le train, c'est par « flottage » que l'on transportait les arbres coupés. Le courant emportait d'immenses radeaux mouvants, conduits par les « draveurs », métier ô combien dangereux, il faut sauter d'un tronc à l'autre, et comme sans cesse ils roulent, le draveur tombe plus souvent qu'à son tour, et le voilà broyé. Le grand Félix Leclerc leur a consacré une chanson :

Ça commence au fond du lac Brûlé
Alentour du huit ou dix de mai
La mort à longues manches
Vêtue d'écume blanche

Fait rouler le billot
Pour que tombe Sylvio[1]

Et quand l'entrecroisement de troncs devient trop dense, impossible à démêler, la seule solution pour libérer la rivière est la dynamite. Faut voir les draveurs courir vers la terre ferme, sitôt la mèche allumée.

La mémoire a ses raisons que la raison ne connaît pas. Pourquoi est-elle allée chercher ce vieux souvenir lorsque, pour la première fois, j'ai entendu prononcer ce mot étrange, et plutôt inquiétant, de « drépanocytose » ?

Robert Hue m'avait appelé la veille. Nous nous croisions de temps à autre dans notre XIVe arrondissement commun.

— Puisque, du moins si j'en crois vos romans, l'Afrique vous tient au cœur, je voudrais vous parler d'une maladie qui frappe surtout ce continent.

Je savais que l'ancien secrétaire général du Parti communiste français avait, dans sa jeunesse, été judoka (ceinture noire deuxième dan) et rocker, guitariste inspiré d'un groupe baptisé Les Rapaces, mais j'ignorais qu'ayant abandonné la politique il avait réorienté son énergie et sa générosité vers la médecine tropicale.

Nous avons pris rendez-vous Chez Maurice, un bistrot que je vous recommande, au coin des rues Boulard et Froidevaux (téléphone : 01 43 22 79 62). C'est devant

1. Félix Leclerc, « La Drave », Philips, 1967.

l'une des spécialités de la patronne, les ravioles aux crevettes, accompagnées d'un cheverny très goûteux, que j'ai fait connaissance avec une malédiction. Comment Robert Hue pouvait-il deviner que j'étais en train d'écrire un hommage aux fleuves qui coulent en nous et qu'à ce titre je n'étais plus tout à fait ignorant des globules rouges ? Par deux, trois incises pertinentes, j'ai donné le change. L'ancien rocker a pu gagner du temps et passer directement à son activité présente. Il avait créé une ONG pour lutter contre une maladie tout à fait dédaignée, la drépanocytose.

— Il s'agit d'une maladie génétique née de la mutation d'un gène codant l'hémoglobine.

La vision me vint d'un Robert Hue vêtu soudain d'une blouse blanche et donnant cours à l'hôpital Necker. Le temps d'une nouvelle petite gorgée de cheverny, il poursuivit.

— Du fait de cette infime modification, les globules rouges, au lieu d'être tout ronds, prennent la forme de faucilles. D'où l'origine du mot : *drepanon*, en grec, veut dire « faucille ».

Je tombai des nues.

— Vous venez bien de me dire que les globules rouges deviennent des… faucilles ?

Robert hocha la tête et sourit.

— Je vais vous épargner la suite, faucilles, marteaux, pour un ancien communiste, ha, ha, ha, on me l'a déjà faite. Apprenez plutôt qu'un enfant drépanocytaire naît toutes les deux minutes. Cela représente, rien que pour l'Afrique, 15 millions de malades, souffrant d'anémie, de retard de croissance, d'une fragilité accrue face aux infections... quand la mort ne vient pas les frapper : 260 000 décès chaque année d'enfants en bas âge.

L'ancien judoka n'avait rien perdu de sa fougue, ni le rocker de sa passion. Il avait trouvé un nouvel adversaire à sa mesure, et se donnait corps et âme à ce combat. Autour de nous, les habitués de Chez Maurice avaient interrompu leur conversation et ne perdaient rien de ce plaidoyer.

— Cette drépanocytose est la plus fréquente des maladies génétiques, vous entendez bien, Erik ? *La plus fréquente !* Elle affecte principalement l'Afrique, avec 80 % des malades, et l'Inde, 15 %.

Le soir, de retour à la maison, Isabelle compléta mon information. Avec d'autant plus de compétence qu'elle avait ouvert une unité d'exploration écho-doppler au dispensaire de La Roseraie, à Aubervilliers. Trente ans durant, elle y a reçu de très nombreux patients d'origine africaine.

— La source génétique de la maladie n'est connue que depuis 1949. Les globules rouges normaux circulent sans mal dans les capillaires les plus fins grâce à leur souplesse. Ils peuvent ainsi délivrer leur cargaison d'oxygène jusqu'au plus profond des tissus et des organes. En cas de drépanocytose, ils prennent cette forme de faucille et deviennent plus rigides. De ce fait, ils se coincent dans les capillaires jusqu'à les boucher complètement, déclenchant de terribles douleurs dans l'os ou l'organe qui ne reçoit plus de sang (c'est l'embâcle). Cette obstruction peut entraîner la mort, par asphyxie (notamment des poumons, mais aussi du cerveau).

Quand quelqu'un hérite du gène drépanocytaire d'un seul parent, il ne développera pas la maladie. Il ne saura même pas qu'il porte ce gène et non plus qu'il pourra le transmettre à ses enfants. Il est ce qu'on appelle un « porteur sain ». Mais si chacun de ses parents lui transmet le gène muté, il souffrira de cette terrible maladie, souvent dès les premiers mois de son existence. En l'absence de traitement, sa vie sera menacée à chaque crise.

J'ai remercié Isabelle. Mais je voulais en savoir plus. Pourquoi le nombre de porteurs sains est-il si élevé en Afrique subsaharienne, région où le paludisme sévit le plus ? Coïncidence ou cause commune ? Dans la mesure où j'ai étudié, trois ans durant, la géopolitique des moustiques, vous comprendrez que cette question m'intéressait tout particulièrement.

— L'explication des chercheurs est la suivante : le fait de n'avoir la mutation que sur un seul gène confère une relative protection des jeunes enfants vis-à-vis des formes graves, si souvent mortelles, du paludisme. Rappelons que, pour se multiplier, le parasite du paludisme a besoin d'entrer dans les globules rouges, où il va se gaver d'hémoglobine. Alors une des raisons de cet effet protecteur serait que, les globules rouges déformés ayant une durée de vie beaucoup plus courte et leur hémoglobine anormale étant particulièrement indigeste pour le parasite du paludisme, celui-ci n'aurait pas le temps de s'y multiplier. L'infection s'en trouverait d'autant diminuée.

Il est fréquent que ces porteurs sains, une fois adultes, rencontrent d'autres « survivants » du paludisme, porteurs eux aussi d'un seul gène muté. Et c'est là que les choses se compliquent pour leur progéniture. Car avec deux gènes mutés, c'est, pour un quart d'entre eux, la double peine. Non seulement ils souffrent de la drépanocytose, mais en prime ils ne sont plus protégés du parasite paludéen. Pire, chaque infection causée par le parasite déclenche des crises drépanocytaires, qui peuvent être fatales.

Vous imaginez bien que, dès le lendemain, j'appelai Robert Hue et rejoignis son association, Drep. Afrique (9 rue du Lunain, 75014 Paris, info@drep-afrique.org). Les dernières nouvelles de son action redonnent espoir. Cette maladie étant de mieux en mieux connue, son dépistage est devenu systématique en France pour tous les nouveau-nés et sa prise en charge, multidisciplinaire, de mieux en mieux assurée.

Si seule la thérapie génique nous débarrassera, un jour, de ce fléau, sa mise au point prendra des années. En attendant, on a découvert qu'un vieux médicament, utilisé depuis des décennies dans le traitement de certains cancers de la moelle, diminue la fréquence des crises et augmente l'espérance de vie des petits malades. Ce médicament s'appelle l'« hydroxyurée ». Sa production devrait commencer bientôt à Dakar, avec une volonté d'étendre au maximum sa gratuité. On peut espérer, un jour, se libérer de cet embâcle du sang. Et par des moyens plus doux que la dynamite.

Au-delà de ces analyses purement médicales, les données économiques ne doivent jamais être ignorées. Tant dans les raisons de l'apparition d'une maladie que pour la gravité de ses conséquences, la pauvreté est la pire ennemie de la santé, surtout celle des enfants. En d'autres termes, une maladie qui ne touche que les pauvres, noirs de surcroît, ne peut être qu'une maladie oubliée. Chacun sait que dans le domaine du soin, aussi, règnent les deux lois d'airain : celle du « chacun pour soi » et celle du « deux poids deux mesures ». Comment ne pas se rappeler nos années 1980, cet ignoble soulagement quand on a cru apprendre qu'un nouveau terrible virus ne touchait « que » les homosexuels ? Regardez notre fameux Téléthon ! Il a fallu attendre… 2023 pour que la drépanocytose soit ENFIN intégrée aux maladies génétiques bénéficiaires.

ET SI L'ARGENT CIRCULAIT COMME LE SANG ?

Cette unité du savoir, chère à Hildegarde, se payait au prix fort, celui de l'obscurantisme. Dans cette conception, religieuse, du monde, la seule vérité admise était celle qui était révélée par les Saintes Écritures. Hors de la Bible et de l'Évangile, point de salut, point d'intelligence, excommunications, condamnations…

Il fut un temps, très limité dans l'histoire, à peine cent ans, il fut une période heureuse où la liberté de penser et le progrès de la connaissance conservèrent ce souci d'unité. Pour cette raison aussi, ce siècle, le XVIIIe, fut appelé celui des « Lumières ». Sitôt achevé, commença le morcellement, cette fragmentation de la compréhension, celle qui condamne la culture générale au motif infamant de superficialité, celle qui engendre des praticiens ignorants du genou droit mais experts du gauche, celle qui, sans se rendre compte de son ridicule, a fait de la médecine générale une « spécialité ».

Déjà Julien Denormandie, ancien ministre de l'Agriculture et coauteur de notre livre *Nourrir sans dévaster* (2024), m'avait vivement conseillé de m'intéresser à cette sorte de secte qu'on avait appelée « les physiocrates ». Leur importance avait été majeure pour le développement de l'agriculture française à partir de 1789. Peu après, Jean-Hervé Lorenzi, l'ami de cinquante ans, par ailleurs président du Cercle des économistes et fondateur des Rencontres économiques d'Aix-en-Provence, m'avait confirmé que ces gens méritaient l'attention, à commencer par leur « chef », un certain François Quesnay.

— Toi qui aimes les vies que tu qualifies de « complètes », sa biographie devrait te plaire.

À son habitude, Jean-Hervé ne s'était pas trompé.

Ce monsieur Quesnay naît en 1694 dans une famille modeste de la région parisienne. Très tôt orphelin, il apprend à lire avec un jardinier du village, qui lui donne en parallèle ses premières leçons de botanique. Mais la médecine l'appelle. Après de brillantes études, il obtient son titre de docteur et, sa réputation grandissant, on l'appelle à Versailles pour soigner madame de Pompadour. Sa principale prouesse sera de « sauver » le Dauphin, atteint par la variole, une réussite qui lui vaudra l'amitié du roi et son anoblissement, avec pour armoiries trois fleurs de pensée. Il entre peu après à l'Académie des sciences. Essayiste prolifique, on lui doit notamment *L'Art de guérir par la saignée* (1736) et le *Traité des fièvres continues* (1753).

Une telle existence comblerait n'importe qui. Quand, à soixante-six ans, il achète un domaine agricole près de Nevers, tout le monde pense qu'il va y goûter une retraite bien méritée. C'est mal connaître le François ! Cultiver son jardin ? Il va donner un sens très actif au conseil de Candide. Il faut dire que depuis quelque temps, la médecine ne lui suffisant plus, il s'est passionné pour les travaux des Encyclopédistes et s'est entouré d'une sorte de club, l'« école des physiocrates », étymologiquement « ceux qui veulent maîtriser (du grec *kratos*, "pouvoir, autorité") la Nature (*physio*) ». La réflexion de Quesnay s'exprimant toujours dans des écrits d'une grande clarté et d'une forte conviction, on lui doit, dès 1756, les articles « Fermiers », « Grains » et « Hommes » dans l'*Encyclopédie* de Diderot et d'Alembert.

Il ne va pas s'arrêter en terrain si fertile. Je me rappelle Raymond Barre, le président de mon jury de thèse et futur Premier ministre. Il tenait le *Tableau économique* (1758), de Quesnay, comme un ouvrage majeur, fondateur de la discipline en tant que science.

Pour Quesnay, spécialiste de la saignée, la ressemblance entre la circulation du sang et celle de l'argent est une évidence, dont il est urgent de s'inspirer. Le *Tableau* représente l'économie d'une nation comme un corps géant, avec ses organes (les classes sociales), sa force vitale (l'agriculture, qui seule permet une production nette de richesse), ses flux liquides (l'argent), qui irriguent tout et se répartissent de manière plus ou moins égalitaire, ses maladies (le travail improductif)…

Influencé par ses amis physiciens, Quesnay croit fermement qu'à l'image de l'univers, la création et l'administration des ressources suivent des *lois*. Adam Smith parlera plus tard d'une « main invisible » qui garantirait le meilleur des équilibres entre toutes les forces à l'œuvre dans une société. Une fois ces lois connues, laissons-les agir ! Que l'État, surtout, se garde bien d'intervenir ! Son action ne pourrait que ruiner l'efficacité de leur « main invisible ». Les physiocrates s'opposent ainsi aux « mercantilistes », pour lesquels, au contraire, chaque nation, si elle veut accroître sa puissance, doit utiliser toutes les armes à sa disposition et réglementer, notamment le commerce, en se protégeant de l'étranger. Aujourd'hui, les physiocrates seraient qualifiés de « libéraux ».

Aucun débat n'a gardé plus d'actualité. En économie comme en médecine, où le « laisser-faire » (la Nature) a de plus en plus d'adeptes face aux interventionnistes frénétiques, par exemple les fous d'antibiotiques. Au prix de dangereuses dérives chez, notamment, les chansonniers complotistes du « c'était mieux avant », par exemple du temps heureux, n'est-ce pas, où les vaccins n'avaient pas encore été inventés et où prospéraient les épidémies meurtrières ! Reviens vite, peste noire, tes bubons nous manquent ! Polio, si tu savais comme on te regrette ! Comment retrouver la joie de vivre sans tes paralysies invalidantes ! Et pauvres bébés que les nôtres : ils aimaient tant étouffer avant que, scandaleusement, on éradique la diphtérie…

QUATRIÈME PARTIE

Innombrables sont nos autres rivières

UNE POTION MAGIQUE

On se croirait au pays de *Harry Potter*.

Car ce tout petit fleuve-là est une potion dotée de pouvoirs magiques. Premier pouvoir : nourrir. Il apporte au nouveau-né, puis au nourrisson, tout ce qu'il lui faut pour grandir harmonieusement. Deuxième pouvoir : protéger. Il agit comme un bouclier contre les infections, grâce aux anticorps qu'il transporte, transmis par sa mère. Troisième pouvoir : il participe au développement du cerveau minuscule en lui fournissant des acides gras et un composé organique, la taurine.

Vous l'avez reconnu, cette potion magique, c'est le lait maternel. Véritable cocktail d'ingrédients savamment dosés, il contient environ 88 % d'eau pour la bonne hydratation du bébé. Ses protéines, choisies pour ne pas agresser l'intestin immature du nouveau-né, sont facilement absorbées, sans risque de ces intolérances souvent rencontrées avec les laits artificiels à base de lait de vache. Son principal sucre est le lactose, composé de glucose et de galactose. Outre l'énergie qu'il transmet, il aide à la digestion et joue un rôle essentiel dans la construction du cerveau. On y trouve aussi un arsenal de vitamines

(A, D, E, K et C) et de sels minéraux, calcium, fer, zinc, en proportions idéales. Il reçoit aussi des hormones et des enzymes qui vont doper le microbiote du nourrisson.

Mais le plus fascinant de cette potion magique est l'évolution de sa composition au fil du temps et des besoins du bébé. Dès sa venue au monde, il reçoit du sein de sa mère un « premier lait », jaune, épais et rare, le colostrum. C'est une bombe d'immunité, chargée d'anticorps, de sucres et de probiotiques. Deux à trois jours plus tard, le lait se fait plus fluide, plus blanc et plus abondant. C'est le lait de transition, avec une teneur en protéines qui diminue tandis que le lactose et les graisses augmentent. Environ trois semaines après la naissance, un lait mature s'installe, avec un équilibre parfait de tous ces ingrédients, dont les proportions vont varier selon le moment de la journée, l'âge du bébé et même au cours d'une même tétée.

La merveilleuse chaîne de production débute dès que le bébé, affamé, saisit dans sa bouche le bout du sein, riche en terminaisons nerveuses. Elles envoient sur-le-champ un signal au cerveau, plus précisément l'hypothalamus. La réponse est immédiate. L'hypothalamus active aussitôt l'hypophyse, une petite glande située à la base du crâne, qui répond à son tour par la sécrétion de deux hormones vite envoyées par voie fluviale, ou plutôt sanguine, jusque dans le sein. Où de petites usines, les alvéoles, attendaient l'ordre de produire. C'est ainsi que plus bébé tétera le sein de sa mère, plus il recevra de lait ! Cette distribution très bien organisée, et gratuite, peut durer trois, voire quatre ans !

L'histoire des femmes faisant commerce de leur lait remonte à l'Antiquité. Dans les civilisations anciennes, comme en Égypte, en Grèce et à Rome, il était courant que les familles aristocratiques confient leurs nouveau-nés à des nourrices, ce qui permettait aux mères de poursuivre une vie sociale.

Au Moyen Âge, dans les villes, les nourrices étaient choisies avec soin. Elles vivaient au sein de la famille et consacraient tout leur temps à l'enfant, devenant mères de substitution, au grand dam des mères biologiques. Mais dans les campagnes, c'était tout autre chose. Les femmes pauvres, obligées de travailler, confiaient leurs bébés à des paysannes, tout aussi pauvres et souvent plus encore, avec tous les risques mortels inhérents à la misère : lait animal plein de germes, remplacement par de la farine diluée, alcool pour arrêter les cris et « endormir » le nourrisson…

Le XVIIIe siècle a vu naître une véritable industrie nourricière. Les enfants des villes étaient mis en nourrice dans des lieux de plus en plus éloignés tant la demande était forte. Ils ne rentraient au foyer qu'une fois sevrés, vers l'âge de deux ans. La mortalité infantile était effroyable. Ce n'est qu'au milieu du XIXe siècle que cet allaitement lointain diminue. Les parents reprennent le contrôle en hébergeant les nourrices sous leur toit.

Au début du XXe siècle, l'allaitement artificiel libère les femmes des contraintes de l'allaitement au sein, sans mettre en péril le nourrisson. La découverte des microbes et les mesures d'hygiène ont fait leur chemin. Le lait de vache est bouilli, les biberons sont stérilisés, la mortalité recule de façon spectaculaire. Merci Pasteur (et Semmelweis).

N'OUBLIONS PAS LES HUMEURS !

En nous ne coulent pas que des fleuves. Circulent aussi des humeurs.

Écoutez Littré :

> HUMEUR :
>
> 1. Toute espèce de liquide ; inusité en ce sens, qui est le sens propre, excepté dans cette phase du métier de la tannerie : « Faire prendre humeur aux peaux », les humecter, afin de leur donner une préparation.
> 2. [...] – *Terme d'ancienne médecine.* Les quatre humeurs, les humeurs fondamentales qui étaient supposées exister dans le corps humain, et dont le juste tempérament constituait la santé. Ces humeurs étaient le sang, le phlegme ou pituite, la bile et la bile noire ou mélancolie ou atrabile.
>   — Il s'est dit pour larmes. Racine : « Mes yeux toujours mouillés d'une humeur continue. »
>   [...]
> 4. Disposition du tempérament ou de l'esprit. [...] Corneille : « Je saurai bien rabattre une humeur si hautaine. » [...]

5. [...] – Bonne [ou mauvaise] humeur, bonne [ou mauvaise] disposition de l'âme qui se manifeste par le ton, les manières, le langage. [...] Rousseau : « Je voudrais qu'on rassemblât beaucoup d'enfants de bonne humeur. » [...] Voltaire : « Ces objets l'irritèrent et allumèrent en lui cette mauvaise humeur qui sied si mal à un chef et qui nuit toujours aux affaires. »

Telles sont ces étranges sortes de liquides qui en nous passent ou stagnent. Comme un autre réseau hydrographique. Lequel, parfois, communique avec celui des eaux véritables.

Écoutez maintenant ce récit retrouvé par le grand écrivain voyageur Jacques Lacarrière :

Cyrus marcha donc sur Babylone et atteignit le fleuve Gynde, qui prend sa source près des montagnes des Matiènes, coule en pays Dardane et va se jeter dans le Tigre (qui se jette lui-même dans la mer Érythrée). Au moment où Cyrus s'apprêtait à traverser le fleuve en barque (on ne peut le franchir autrement), un des chevaux blancs de l'attelage sacré s'emballa, se jeta dans le fleuve et disparut, emporté par le courant. Cyrus entra dans une rage terrible contre le fleuve : « Fleuve insolent, lui cria-t-il, je vais te réduire à rien, en minuscules ruisselets que même des femmes pourront passer à gué ! » Il renonça sur-le-champ à sa marche sur Babylone et disposa son armée en deux moitiés, une sur chaque rive, fit tracer, de chaque côté, cent quatre-vingts canaux orientés en tous sens, et les fit creuser. L'armée entière eut beau s'atteler à la tâche, il fallut attendre l'été avant qu'elle fût finie ! [...] Le Gynde fut puni. Mais, déjà, le printemps suivant approchait, et Cyrus reprit sa marche contre Babylone[1].

Hérodote donne un autre exemple de très mauvaise humeur d'un général. Quand Xerxès apprit que l'Hellespont (détroit dit maintenant « des Dardanelles », reliant la mer Égée, à l'ouest, à la mer de Marmara puis à la mer Noire) avait détruit le pont de bateaux qui aurait permis à son armée de gagner la Grèce, il entra en fureur et se mit à crier :

« Donnez trois cents coups de fouet à l'Hellespont [...] ». Il paraît même, dit Hérodote, « qu'il envoya des bourreaux marquer le flot au fer rouge ». Ses hommes fouettèrent la mer en l'insultant : « Eau de malheur, lui criaient-ils, voilà pour ta punition, voilà pour avoir offensé notre maître sans raison ! Le Grand Roi te franchira, que cela te convienne ou non ! On a bien raison de ne jamais t'offrir de sacrifices, car tu n'es qu'un fleuve aux eaux sinistres et noires[2]. »

Comment ne pas souscrire au commentaire de Jacques Lacarrière ?

Les montagnes, les fleuves, les océans et les sources sont considérés comme des *êtres vivants* et personnalisés,

---

1. Jacques Lacarrière, *En cheminant avec Hérodote*, © Éditions Seghers, Paris, 1981 ; Nil éditions, Paris, 2003.
2. *Ibid.*

susceptibles d'aider ou de contrarier les volontés humaines. [...] Tels étaient les rapports passionnels que les Perses entretenaient avec les fleuves, et on ne peut s'empêcher d'éprouver une certaine nostalgie en pensant à ces temps anciens où nul ne jetait jamais sur les fleuves ce regard vide, ce regard absent qu'on leur jette aujourd'hui[3].

3. *Ibid.*

EN NAGE

Autrefois, on disait « être à nage ». L'expression voulait bien dire qu'on nageait dans un liquide. Une autre expression est encore plus évocatrice : nous sommes « en eau ».

Lorsque notre corps a « trop chaud », il envoie un message à un centre de contrôle situé dans notre cerveau, l'hypothalamus, chargé de la liaison entre le système nerveux et le système endocrinien. Entre autres fonctions essentielles (notamment la faim, la reproduction, le rythme du sommeil…), l'hypothalamus donne l'ordre d'agir à nos climatiseurs : les glandes sudoripares, au nombre de 4 millions, dont plusieurs milliers logées sous la paume de nos mains. À l'instant, les glandes obéissent et sécrètent… la sueur, en grande partie de l'eau, agrémentée de minéraux et d'un tout petit peu d'acide lactique.

Mais comment expliquer le refroidissement qui s'ensuit ? Le mécanisme est simple. Lorsque la sueur quitte le corps par ces petits trous nommés « pores », c'est un liquide. Qui bientôt s'évapore, c'est-à-dire devient vapeur, ou gaz si vous préférez. Ce changement d'état réclame de l'énergie, la chaleur du corps, qui, ainsi consommée, baisse. La nature n'a pas doté nos amis les chiens de ces bienveillantes sudoripares. Raison pour laquelle ils halètent, toute langue pendante, sitôt que grimpe le thermomètre.

Le phénomène dit des « mains moites », cette désagréable sensation d'humidité dans les paumes, la honte pour celui qui en souffre, porte un nom scientifique qui ne manque pas de poésie : l'hyperhidrose palmaire primaire.

Cessons de rendre la sueur responsable de ces mauvaises odeurs qui, l'été, ou lors de certains efforts, s'échappent de nos aisselles. La sueur ne sent RIEN. Accablons plutôt les bactéries qui pullulent sur notre peau, avec une préférence pour les milieux humides. Elles adorent les composés organiques présents dans la sueur. Et dans ces plis de la peau où l'oxygène est rare. Le repas de ces petites bêtes étant plantureux, des digestions difficiles s'ensuivent, ponctuées de flatulences en rafales. On a beau être minuscule, on empeste quand on pète à plusieurs.

Les plantes aussi transpirent, à grande échelle, et pour notre bien, assurent la circulation planétaire de l'eau et la régulation du climat. L'« évapotranspiration » est un voyage, immense. Les rivières volantes, ces lacs de vapeur issus de la forêt amazonienne puis poussés par les vents dominants, ont un volume qui égale celui du grand fleuve. Plus près de chez nous, un chêne peut évaporer 1 000 litres d'eau par jour.

LE SANG DE L'ÂME

Les mots aussi coulent en nous.

Permettez, si vous voulez bien, une petite excursion dans leur royaume. Je vous jure qu'y circulent d'étranges rivières, qu'y résonnent de très musicaux échos, de nature à nous emporter vers quelques vérités imprévues, vous savez celles qu'on appelle, une fois réunies, « la poésie ».

Peut-être apprendrez-vous qu'un *secret* n'est pas seulement « ce qui doit être caché » mais une solution de nitrate de mercure. Traiter une peau avec cette solution, en termes techniques la « secréter », permet de faciliter son feutrage. A priori, rien à voir avec le verbe *sécréter*, pourvu de deux accents, son quasi-homonyme, signifiant « produire par sécrétion », qui est le propre de certains tissus. Telles les glandes. Dont les *glandes lacrymales*. Mais, entre secret, secréter et sécréter, qui refusera de croire qu'une famille existe ? Les larmes n'avouent-elles pas « ce qui, en nous, devait rester caché » ?

Un livre, soudain, vous bouleverse. Je venais d'ouvrir *Des larmes*, paru aux éditions du Cerf en septembre 2012, et dès sa première page je sus que j'allais y apprendre des vérités précieuses. Qui était donc cette Anne Lécu, l'autrice ? Une notice la présentait comme médecin dans la plus grande prison d'Europe, Fleury-Mérogis, en même temps que religieuse… Moi qui ne suis vraiment passionné que par le « métier de vivre », je ne pouvais manquer ce personnage forcément hors du commun. Les meilleurs fleuves qui coulent en nous sont ceux qui vous entraînent vers des rencontres. Grâce à la complicité de son éditeur, contact fut pris. Et je me retrouvai un beau matin rue de Vaugirard, non loin de la station de métro Convention. Un grand domaine, propriété d'une congrégation de dominicaines, y a été divisé en deux parties : l'une, autour de la chapelle, réservée aux religieuses et aux gens qu'elles accueillent, tous en grande difficulté ; l'autre, au fond du terrain, où ont été construits des appartements de luxe qui ont permis de financer l'ensemble.

— Je n'aime pas les codes. Je descends tout de suite.

— Comment vous appeler, docteur ou ma sœur ?

— Anne ira très bien.

L'histoire de cette spécialiste des larmes commence par des études de médecine, complétées, en parallèle, par une licence de théologie.

— Alors, me dit-elle, je décide de devenir dominicaine.

— Pourquoi religieuse, vous aviez la vocation ?

— *Vocation…* je déteste ces grands mots. Surtout lorsqu'ils veulent parler de religion. Je me suis juste dit qu'un chemin de bonheur pouvait exister là. Qui méritait d'être tenté. Quitte à en choisir plus tard un autre, si le bonheur n'était pas au rendez-vous.

— Et pourquoi dominicaine ?

— Parce que cette congrégation aime le savoir.

— Et la prison ?

— Parce qu'on y rencontre la plus grande détresse humaine.

— Et pourquoi les larmes ?

— Parce que certaines m'émouvaient et d'autres non. Comment expliquer cette contagion, soudain, et d'autres fois, l'indifférence, ou, si vous préférez, la résistance ? J'avais continué mes études en suivant les enseignements de Dominique Folscheid puis d'Éric Fiat. Tous deux proposent une philosophie « pratique ». Les étudiants doivent préciser en sept pages, pas une de plus, pas une de moins, quelle est leur question première. J'ai choisi de réfléchir à l'« épreuve », en explorant trois expériences : celle du malade, celle du détenu et celle du moine. Quelque chose me disait que la vie d'un religieux est à un croyant ce que la poésie est à la littérature.

En reprenant le métro, en plongeant dans son tunnel, d'abord ligne 12, puis ligne 6, après le changement à Pasteur, il m'a semblé être emporté dans un canal lacrymal, et que tous les voyageurs, dont moi, étaient des larmes, les unes malheureuses, les autres joyeuses, comment savoir avec les larmes ?

Qui peut dire si le chemin que nous avons choisi est celui du bonheur ? Je suis descendu tout près de chez moi, station Denfert-Rochereau. De l'autre côté de l'avenue qui célèbre le général Leclerc, entré en libérateur dans Paris le 25 août 1944 à la tête de sa 2e DB (division blindée), une interminable queue de touristes attendaient comme chaque jour leur moment de visiter les catacombes. Je ne sais pas vous, j'ai toujours trouvé bizarre cette double préférence opposée de nos visiteurs étrangers : le ciel de la tour Eiffel et le sombre circuit de nos égouts et de nos tombes souterraines, ces murs de crânes, ces parois d'os entrelacés.

Des larmes, aujourd'hui, nous n'ignorons plus rien. En tout cas, nous savons tout de leur parcours et de leur composition moléculaire. Elles participent à un véritable réseau, le « système lacrymal », dérivation de la circulation du sang, un fleuve miniature avec sa source, ses canaux, ses lacs, et son engloutissement final.

Au départ, de petites glandes dites bien sûr « lacrymales », situées au-dessus des yeux, à proximité immédiate de la racine des cils. Ce sont ces glandes qui *sécrètent* un liquide à partir du sang qu'elles ont filtré. Ce « liquide lacrymal » contient en majorité de l'eau, du chlorure de sodium (d'où son goût de sel), du mucus (une matière translucide et visqueuse), des anticorps et une enzyme capable de détruire des bactéries (le lysozyme). Par des tuyaux minuscules il rejoint la surface de l'œil, sa cornée, où il va se répandre. Sa double mission accomplie, d'hydratation et de protection contre les infections, le liquide lacrymal quitte l'œil et poursuit son chemin, via un autre canal, jusqu'à un lac (les manuels de physiologie, rarement poètes, parlent d'un « sac »). De ce lac ou sac, un ultime tuyau le conduira jusqu'à la fin de son parcours, qui n'a rien de glamour, l'intérieur du nez. Les larmes sont devenues morve, et l'éploré(e) se mouche. Cette dynamique ne doit rien à la gravité mais à une « pompe », animée par plusieurs muscles et le clignement des paupières.

Marin Cureau de La Chambre, le médecin de Louis XIV, avait l'intuition d'un « système » encore plus large : « L'on a observé que ceux qui pleurent longtemps urinent peu, comme il arrive à ceux qui suent beaucoup ; et que les sudorifiques dessèchent les larmes. Ce qui montre évidemment que l'urine, la sueur et les pleurs ont même matière[1]. »

Mais la santé n'est pas qu'affaire de clarté.

Si l'eau est le miroir de nos sociétés, un œil en larmes est le petit lac où paraît le mieux notre humanité. Car les larmes viennent de « la fêlure que nous sommes à nous-mêmes[2] » (Anne Lécu).

On sait que Descartes, qui voyait dans un découpage systématique et général la seule méthode pour avancer dans la connaissance, séparait l'être humain en deux substances : l'une matérielle, que l'on peut scientifiquement étudier, il y rangeait le corps. Ainsi expliquait-il les larmes : « On pleure fort aisément en cette passion [la pitié] à cause que

1. Martin Cureau de La Chambre, *Caractères des passions*, vol. V, « Où il est traité de la nature, des causes et des effets des larmes, de la crainte, du désespoir », 1662.

2. Anne Lécu, *Des Larmes*, *op. cit.*

l'amour envoyant beaucoup de sang vers le corps, fait qu'il sort beaucoup de vapeur par les yeux, et que la froideur de la tristesse, retardant l'agitation de ces vapeurs, fait qu'elles se changent en larmes[3]. » L'autre « substance » était bien sûr celle de la pensée, celle du cogito.

Mais dans ses *Lettres*, il se libère de son système dual. Et Anne Lécu y note cette remarque, chez lui ô combien surprenante : « Il y a un abîme entre la science du corps et la médecine. » Que cherche-t-il à nous dire ? Sans doute que les larmes, par exemple, ne sont pas seulement explicables par la mécanique des fluides.

De tout cours d'eau on cherche la source. Pour les larmes, certains ont évoqué le cerveau. Mais sans y croire. L'opinion générale, durant des millénaires, et y compris chez Léonard de Vinci, fut qu'elles venaient du cœur.

Mais la vérité vint d'une allégorie. Elle rejoignait l'intuition des mystiques. Submergés par leurs visions de Dieu, nous savons qu'ils pleurent d'abondance. C'est le même Marin Cureau de La Chambre qui trouva les mots pour dire le mieux l'entièreté du mystère : « Les larmes sont le sang de l'âme. »

---

3. *La Philosophie morale de Monsieur Descartes touchant les passions de l'âme, et par occasion de toute la Nature de l'Homme*, éd. augmentée et annotée par M. ***, François Foppens, 1707.

LA MALADIE DES YEUX SECS

Soudain, une très désagréable sensation vous vient. Vos yeux vous brûlent, comme si du sable s'y était déversé. La raison de cette douleur est simple : vous manquez de larmes. Soit que vos glandes lacrymales, fatiguées ou atteintes par un vilain virus, n'en produisent plus ou pas assez. Soit que leur parcours ait été bloqué à un endroit ou à un autre. C'est alors que notre petit voyage dans l'intimité de notre corps reçoit le cadeau d'un bref instant de poésie, née du double sens d'un mot.

En anatomie, la « lumière » désigne l'espace intérieur délimité par des parois. On parle ainsi de la lumière d'un intestin, qu'une tumeur peut obstruer. De même, il arrive qu'un corps étranger survenu dans l'un des canaux lacrymaux bloque le passage des larmes. En libérant sa lumière, l'œil, de nouveau hydraté, retrouve sa capacité de bien voir, c'est-à-dire, sa lumière.

Mais une fois encore, une bonne connaissance de la plomberie, ô combien nécessaire pour nous soigner, ne suffit pas. Qui décide de s'intéresser aux larmes ne sait pas qu'il va s'aventurer dans un univers immense et complexe, le royaume des émotions, pas seulement religieuses, humaines, trop humaines. Les larmes ne se contentent pas de laver les yeux, elles réveillent le cœur.

Déjà dans la Bible, on pleure. David, qui préfigure Jésus, sanglote devant le malheur des siens. « Pitié pour moi, Seigneur, l'oppression est sur moi. Les pleurs me rongent les yeux, la gorge et les entrailles[1]. » Et les psaumes, poèmes, prières et chants (accompagnés par un psaltérion, sorte de harpe) sont des larmes, tantôt d'émerveillement, tantôt de lamentation.

Dans les Évangiles, la pécheresse qui oint les pieds du Christ, souvent confondue avec Marie-Madeleine, pleure, d'abord de honte et de contrition pour ses fautes passées, et puis de pur amour, le bouleversement de rencontrer Jésus. En cette femme, les larmes disent l'unité de la vie, désespoir et joie indissociablement mêlés. Jésus aussi pleure, souvent. Devant Jérusalem et la dureté de ses habitants. Devant le cadavre de son ami Lazare. Au soir de son agonie, sur la colline de Gethsémani, face au silence de Dieu, son Père : « Mon Dieu, mon Dieu, pourquoi m'as-tu abandonné[2] ? »

Voici ce qu'écrit l'apôtre Jean, le préféré, dans son Apocalypse qui, au-delà de la fin du monde, raconte la Réconciliation. « Puis il me montra le fleuve d'eau de vie, limpide comme du cristal, jaillissant du trône

1. Ps 31, 10.
2. Mt 27, 46.

de Dieu et de l'Agneau[3]. » Désormais, il va fructifier « une fois chaque mois et ses feuilles peuvent guérir les nations ».

Nouveau trésor de ce voyage, Emil Cioran. Imbécile et paresseux que je suis, je tenais cet écrivain roumain pour un pessimiste grave, auteur, seulement, de maximes lucidement désespérantes. Jusqu'à la lecture de son texte *Des larmes et des saints* (1986). Et mes yeux se sont, d'admiration et de fraternité, embués. Selon lui, les larmes du Christ forment un fleuve qui accueille nos larmes à nous. En ce fleuve, toutes nos larmes seront comptées, une à une, comme les cheveux d'une tête, car « au jugement dernier, on ne pèsera que les larmes ».

À la suite de Jésus, tous les saints pleurent, sans retenue.

Au tout début du Moyen Âge, un thème va se développer chez les mystiques, celui du « don des larmes ». Nous pleurons parce que Dieu nous accueille. Ce « don » est celui que Dieu nous fait en nous acceptant dans Sa présence. Nous pleurons de gratitude. En même temps que les larmes apportent la preuve que nous sommes vraiment, et malgré notre indignité, destinataires d'un tel « don ». Ainsi pleurent Augustin, Thérèse d'Avila, et même Ignace de Loyola, le fondateur de la Compagnie de Jésus (les futurs jésuites).

La plus grande attention étant apportée aux larmes, les moines vont jusqu'à en distinguer de *sept* sortes, je les

3. Ap 22, 1.

imagine dans leurs cellules compter sur leurs doigts : larmes de peur, larmes dites « humaines », larmes de contrition, larmes de componction (sentiment de culpabilité), larmes de compassion pour l'homme en général et pour le Christ en particulier, et larmes du désir de Dieu.

À l'opposé du don des larmes, la « maladie des yeux secs » est l'incapacité de ressentir. Une infirmité née sans doute de notre obsession à trop vouloir voir.

Comme le note Anne Lécu, notre modernité est obsédée par « le voir ». Nous sommes envahis par une armée de caméras, qui nous surveillent en permanence. *Sur*veiller, trop veiller. Dans son roman d'anticipation *1984*, écrit en 1948, Orwell prédisait une société atteinte par une frénésie de vision. Big Brother et Xi Jinping règnent sans partage parce que rien ne leur échappe. Intelligence artificielle aidant, la reconnaissance faciale est la plus efficace des polices. Sans parler de la possibilité ainsi offerte d'identifier un par un les participants à une manifestation, on peut déduire d'un mouvement suspect, d'une attitude bizarre, l'imminence d'un attentat. Les larmes sur un visage seront bientôt reconnues comme le signe d'un désespoir suspect, le refus de participer à cet optimisme inconditionnel que réclament les dictateurs, donc un comportement antisocial, prélude certain à des actions violentes, qu'il vaut mieux prévenir par un emprisonnement immédiat.

Durant mes études de philosophie, j'eus le privilège immense de suivre les cours de Vladimir Jankélévitch.

Un jour, dans l'amphithéâtre Richelieu, il parla de larmes aux gamins que nous étions, plutôt rigolards (Mai 68 n'allait plus tarder). Jamais, je crois, pareil silence n'accueillit ses paroles. Il releva sa mèche, inspira fort et se lança :

> Vous, comme moi, êtres humains, n'êtes que déchirures. Déchirure entre nos espérances et notre pauvre réalité, déchirure entre notre préoccupation de nous-mêmes et le souhait que nous aurions d'une empathie pour les autres, déchirure entre notre part humaine, trop humaine et notre aspiration spirituelle. Déchirés, nous le sommes peut-être surtout par le temps qui passe, sans retour. Nos larmes sourdent par toutes ces déchirures. C'est pour cela que la musique souvent nous tire des larmes, et parce que larmes et musique sont sœurs, sauf en ceci que la musique est un fleuve à qui l'on peut à loisir redemander de couler, il suffit de se rasseoir devant son piano[4].

Ces propos, comme vous l'imaginez, ne m'ont jamais quitté. Vous les retrouverez dans la conversation de « Janké » avec Béatrice Berlowitz, *Quelque part dans l'inachevé.*

Cet « inachevé » est la source des larmes. Mais les larmes, dès qu'elles coulent, réparent les déchirures, achèvent l'inachevé : la peine y devient joie, et les deux mêlées consacrent notre unité retrouvée.

---

4. Vladimir Jankélévitch, Béatrice Berlowitz, *Quelque part dans l'inachevé*, © Éditions Gallimard, 1987.

LE FLEUVE OUBLIÉ

Merci Isabelle ! C'est aussi à elle, à ses explications patientes et redoublées, que je dois ma découverte de ce fleuve essentiel. Il faut dire qu'il est difficile à saisir car il ne prend son nom qu'à la suite d'un long et tortueux voyage.

Pourtant, nous l'avons tous déjà rencontré, ce fleuve ! Et l'on peut comprendre qu'il n'ait pas marqué notre mémoire. Rien d'impressionnant. Pas du tout l'Amazone ! Seulement un très léger suintement transparent à la surface de la peau.

Rappelez-vous notre enfance, après une chute sur les genoux nous poussions des cris déchirants pour que nos parents accourent au plus vite et, mesurant la gravité de la situation, nous consolent et nous secourent. Hélas ! Après un rapide coup d'œil à la plaie, on haussait les épaules et nous annonçait que ça ne saignait pas, c'était donc « juste une éraflure », bref, pas de quoi pleurnicher ! Un petit écoulement jaunâtre s'ensuivrait, qui tacherait, à peine, le pansement magique. Quand ça saignait, autre histoire ! Nous pouvions lire sur les visages une inquiétude qui, au fond, nous réjouissait. Il allait falloir prendre des mesures urgentes. Nous n'étions pas mécontents de notre effet.

Autre rendez-vous régulier avec le « fleuve », ces ampoules aux pieds qui nous ont gâché nos plus belles randonnées. Ces cloques étaient pleines du même liquide incolore et pourtant cause de vraies douleurs.

Savez-vous comment les Grecs la nommaient, cette minirivière ? *Lemphos*. Autrement dit : « morve épaisse ». Les Romains, plus délicats, utilisaient le mot latin *lympha*, qui signifie « eau » ou « fontaine ».

C'est ainsi que, bien moins spectaculaire que le sang, la lymphe est un fleuve oublié alors qu'il nous est essentiel. Il faut dire qu'on l'associe, non sans raison, à l'indolence du fait de son débit pour le moins nonchalant : 3 litres par jour, à comparer aux 5 litres par seconde du sang.

Le parcours de cette lymphe débute là où celui du sang artériel s'arrête.

Souvenons-nous que le sang sort du cœur par l'aorte. Laquelle se ramifie en artères de plus en plus petites, qui à leur tour se divisent en branches encore plus étroites, les artérioles. Mais aussi fines qu'elles soient, les artérioles sont encore trop larges.

Le processus de miniaturisation se poursuit. Les artérioles se prolongent alors par de microvaisseaux, les capillaires, encore plus fins que le cheveu dont ils tirent leur nom. Ils peuvent se faufiler très facilement entre les cellules. Comble d'astuce, leur paroi est percée de tout petits trous qui vont laisser sortir le plasma mais retenir les globules rouges, bien trop gros. Dès sa sortie du capillaire artériel, ce liquide se répand entre les cellules de l'organe ou des tissus concernés. Les cellules y puisent tout ce dont elles ont besoin pour respirer (l'oxygène), pour s'hydrater (l'eau), pour se nourrir et maintenir les tissus en bonne santé, mais aussi pour fabriquer ce que demande l'organe en question (par exemple de l'insuline pour le pancréas, des hormones thyroïdiennes pour la thyroïde, des œstrogènes pour les ovaires, etc.). *Last but not least*, ce liquide va leur permettre d'évacuer leurs déchets, notamment le gaz carbonique produit par ce travail intense. Car dans toutes les usines du monde on ne peut faire l'impasse sur cette élimination, sous peine d'arrêt rapide de l'usine en question. De surcroît, sont récupérés dans ce bain les microbes menaçants ou encore les cellules abîmées ou cancéreuses.

Ce liquide doit être drainé pour être renouvelé régulièrement et éviter l'engorgement des tissus (par exemple le fameux œdème des chevilles). La plus grande partie va être récupérée par un autre réseau de capillaires, les capillaires « veineux », où elle retrouve le sang. Le surplus gagne un autre réseau où il prend le nom de lymphe. Ce réseau-là, de capillaires dits « lymphatiques », parallèle au précédent, va lui aussi finir par rejoindre le cœur. Non sans avoir traversé des sortes de barrages, les ganglions lymphatiques, où seront repérés puis détruits les pathogènes qui pourraient s'y trouver, les cellules malades.

NOS PLACES FORTES

Pourquoi les Vikings ont-ils tant tardé à nous envahir ? Il faisait si froid chez eux (le Danemark d'aujourd'hui, la Suède de l'Ouest, la Norvège), la terre était si pauvre, ils n'avaient d'autres ressources que d'aller chercher ailleurs ce qu'ils n'avaient pas dans leurs contrées. Mais la fierté les retenait, la passion pour leurs paysages désolés et, peut-être surtout, un ensemble de récits légendaires qui les emprisonnait, comme une famille impossible à quitter.

Pourtant, vers la fin du VIIIe siècle, la misère est trop forte. Les premiers drakkars prennent la mer. Ces bateaux plats, seulement dotés d'une dérive latérale très facile à relever, ont le génie de pouvoir aussi bien affronter les tempêtes du large que se faufiler dans les eaux peu profondes des estuaires et des fleuves.

Pour résister à ces envahisseurs d'un nouveau genre, qui parviennent à se glisser jusque loin avant dans les campagnes, les défenses frontales sont impuissantes car vite contournées. On va construire des places fortes. Elles vont se multiplier, et d'abord en Angleterre, cible première des Vikings. On les appelle des *burhs*, origine des mots *borough* et *burgh*.

Mon petit doigt me dit qu'ainsi doit s'armer notre corps contre ceux qui l'agressent.

Aujourd'hui m'attend à l'hôpital Necker le professeur émérite Nicole Brousse, qui en a dirigé le service d'anatomopathologie. Si un vieil homme sourit en descendant les escaliers, pourtant pentus, du métro aérien ligne 6, station Sèvres-Lecourbe, qui pourrait deviner la raison de sa gaieté ? Je vous la donne en mille : une leçon de… ganglions ! Et le récit (sûrement terrifiant) des maladies de la lymphe.

Les explications de Mme Brousse confirment la bonne nouvelle : nous avons bien nos places fortes ! Et ce sont ces ganglions. Ils jouent un rôle clef dans notre système de défense, au même titre que certains tissus et organes, tels la moelle osseuse, la rate, le thymus, les amygdales… et notre intestin où veillent, sans relâche, d'autres soldats.

Ces ganglions sont environ huit cents, avec une forme de petit haricot de moins de 10 millimètres, répartis le long des vaisseaux lymphatiques comme autant de « check-points », principalement au niveau de l'aine, l'abdomen, le thorax, les aisselles, la base du cou, la nuque. Ils sont bourrés de globules blancs dénommés « lymphocytes » produits principalement dans la moelle osseuse qui les libère dans la circulation sanguine afin qu'ils aillent s'installer dans les ganglions et la rate. Ils vont y proliférer et seront à l'affût de tout ce qu'ils ne reconnaissent pas : virus, bactéries, cellules abîmées ou cancéreuses, toxines, etc. Dès l'intrus repéré, ces sentinelles réagissent en activant ces grosses cellules appelées « macrophages ». Lorsqu'un ganglion se met à gonfler, c'est qu'il livre une bataille.

Au cas où l'action des macrophages ne serait pas suffisante pour éliminer une infection, d'autres globules blancs plus subtils, notamment les lymphocytes B, prennent le relais. S'il s'agit d'un virus, ces lymphocytes repèrent l'antigène qu'il porte à la surface de son enveloppe, en d'autres termes sa carte d'identité. Dès le signal reçu, une escadrille implacable décolle. Ce sont les anticorps, jusqu'à cinq mille fabriqués chaque seconde par chaque lymphocyte B. Ces anticorps vont se fixer sur l'antigène du virus et lui ôter, dans la seconde, toute capacité d'action. Dans la même « réponse » immunitaire, d'autres lymphocytes, les lymphocytes T, vont se fixer sur les cellules malades et les tuer.

L'une des originalités de cette guerre sans pitié, c'est que les lymphocytes se souviendront toute leur vie de l'agresseur. Si venait à cet ennemi la mauvaise idée d'une nouvelle offensive, la riposte serait encore plus cinglante. C'est le principe de la vaccination.

FEMMES FONTAINES

Il est une autre rivière. La plus intime de toutes les rivières, et la plus rare.

Car c'est une rivière qui ne s'écoule que de certaines femmes, et seulement à l'instant de leur jouissance, ou juste avant. Rivière miniature, sans doute la plus courte de toutes les rivières, mais un vrai cours d'eau, en rien comparable à l'humidité ailleurs constatée en ces mêmes occasions et dans des régions voisines. Rivière de l'agrément, donc, et pourtant le plus souvent honteuse, cachée du mieux qu'on peut, je ne sais pas ce qui m'arrive, je vous prie de m'excuser.

Et rivière d'origine longtemps inconnue.

Alexander Johnston Chalmers Skene naît le 17 juin 1837, dans le petit village écossais de Fyvie, non loin d'Aberdeen. À dix-neuf ans, il gagne l'Amérique du Nord où l'attendent des études de médecine, d'abord au Canada, puis aux États-Unis.

Après avoir commencé d'exercer la chirurgie dans l'armée, il choisit de se spécialiser dans les maladies féminines. On lui doit, notamment, d'avoir inventé certaines techniques opératoires, dont la « craniotomie » d'un fœtus mort (il s'agit de couper certains os de cette toute petite tête pour libérer la mère sans avoir besoin de lui infliger une césarienne).

Mais la gloire principale de l'Écossais est d'avoir découvert les sources de ces fontaines, à savoir de minuscules excroissances de chair, bien dissimulées au creux du ventre et qui désormais portent son nom, les glandes de Skene.

L'INTERMITTENT DU SPECTACLE

Si vos pas vous conduisent en Ardèche, à Vals-les-Bains, vous pourrez voir au cœur du parc une source devenir folle. Elle si sage jusqu'alors, quelques bulles sur le sol, devient jet, se change en geyser de 15 mètres. Cette performance accomplie, l'eau se calme et redevient clapotis.

L'explication de ce phénomène est simple, et tient à la présence, dans les profondeurs, de deux réservoirs naturels, l'un de gaz, l'autre d'eau. Lorsque la pression du premier se libère, le second s'ouvre et ça jaillit.

Même spectacle dans le Wyoming, aux États-Unis d'Amérique.

Et chez tous les animaux mâles, sitôt atteint une certaine maturité. Soudain jaillit de leur membre un liquide visqueux, que personne ne songerait à prendre pour de l'urine, ne serait-ce que pour l'agréable sensation qui accompagne cette production.

Dans mon scrupuleux inventaire de nos fleuves intimes, je n'aurais jamais pu oublier le plus intermittent d'entre eux, et le plus modeste (le contenu d'une cuillère à café, maximum 15 millilitres, seulement en cas de « stimulation prolongée »). Comment imaginer que cet infime ruisseau ait été, et demeure, l'enjeu premier d'innombrables frénésies masculines, roucoulades, danses d'amour ou conflits armés. Il s'agit du sperme, vous l'aviez reconnu.

Son parcours mérite attention, même si par sa longueur, à peine une trentaine de centimètres, il est loin de concurrencer l'Amazone. Mais la petite taille n'a jamais empêché la capacité de susciter l'intérêt. Nous savons que nombre de séducteurs ne dépassaient pas le mètre soixante-cinq.

Commençons par saluer ses sources. Elles sont diverses, réparties en différents endroits de notre bas-ventre, et chacune chargée d'un apport précis :

— de deux petites glandes situées de part et d'autre de l'urètre, et découvertes dès le XVIIe siècle par deux anatomistes, un Français, Jean Méry, et un Anglais, William Cowper, sourd un lubrifiant ;

— de la prostate s'écoule une sécrétion alcaline chargée de neutraliser l'acidité de tout endroit rencontré par la suite, pourquoi pas un vagin ? Notons, non sans émerveillement, que cette sécrétion contient aussi un anticoagulant qui va permettre au sperme de conserver sa fluidité ;

— de vésicules séminales, collées à la prostate et se déversant en elle, sort un liquide non seulement riche en fructose, non seulement porteur de protéines très bienvenues mais possédant le pouvoir mystérieux d'engendrer, le mouvement venu, certains mouvements des régions traversées favorables à la fécondation.

Même si le débit de cet écoulement jaunâtre continue de paraître ridicule, un tel contenu impressionne. L'eau qui descend des glaciers ou s'écoule des forêts pour donner naissance à des fleuves est autrement plus sommaire. Pourquoi, pour qui ces sources se sont-elles données tant de mal ?

En fait, elles alimentent une... pisciculture. Qui dépend de deux travailleuses inlassables, aussi méconnues que méprisées, deux bourses nommées testicules. Ballottantes et velues, Dieu sait qu'elles ne paient pas de mine ! Et pourtant elles produisent jour et nuit les spermatozoïdes, ces minuscules têtards, nos ancêtres à tous, du moins ceux qui, parmi les plus de 100 millions quotidiennement fabriqués, se seront montrés les plus rapides pour s'approcher au plus près de leur partenaire. Rien n'est joué car il faut maintenant à ces aventuriers bien de l'audace pour oser pénétrer dans une cellule incomparablement plus grosse qu'eux.

Dans cette incroyable zone industrielle, cette folle concentration d'activités en quelques centimètres carrés, n'oublions pas l'épididyme ! Ce tout petit lieu au nom de province grecque est une mince bande de chair accolée aux testicules. Elle conserve les têtards et prend soin d'eux. Pour les maintenir en bonne forme, l'épididyme leur offre... des compléments alimentaires, plus précisément de la carnitine, un acide aminé présent dans la viande rouge et le lait, jouant un rôle crucial dans la production d'énergie.

La plupart du temps, cette magnifique machinerie continue d'œuvrer mais garde pour elle le fruit de son travail. Les sources sont prêtes mais attendent un feu vert pour ouvrir leurs vannes. À la suite de on ne sait quel signal, visuel le plus souvent mais parfois olfactif, ou de toute autre origine, sentimentale ou gore, certaine partie du corps, toujours la même, se réveille. On note chez le mâle humain un raidissement du pénis, d'abord timide, incertain, puis qui s'étend, prend ses aises et gagne en dimension. Alerte générale dans la machinerie. Les sources, une à une, commencent à produire. Leurs flux bientôt se rejoignent. Il est temps pour les poissons de s'y laisser entraîner.

Peu de temps après, tout dépend de la capacité qu'a le propriétaire de l'usine à « maîtriser » ses engrenages, la fameuse semence pâle sort de son ultime conduit pour une destination incertaine : la paume d'une main, le plastique d'un préservatif, ou la chaude muqueuse d'un ou une partenaire.

Au revoir, petit fleuve. Et à la prochaine ! Dans une heure (félicitations, mais la performance est rare), ou plus tard dans la nuit, samedi prochain, dans un mois, dans un an. Ou, l'âge étant venu, plus jamais.

UN CADEAU D'APHRODITE

Le nom de cette rivière-là ne peut avoir plus précise et plus bouleversante origine : Cypris, l'un des surnoms d'Aphrodite, déesse de l'amour. Parce qu'un sanctuaire lui avait été, dit-on, consacré dans l'île de Chypre.

Et c'est bien de l'amour, en tout cas du désir, que, chez les femmes, sourd la cyprine. C'est elle qui vient mouiller des régions fragiles pour leur faciliter l'accueil de corps jusque-là étrangers. C'est elle, ô combien plus discrète mais tout aussi présente, qui répond à l'orgueilleuse et satisfaite éjaculation masculine.

Pour en trouver la source, il faut remonter au XVIIe siècle. Il était une fois, dans le royaume du Danemark, une famille Bartholin entièrement dédiée à la science. Caspar Bartholin le Vieux (1585-1629), médecin, engendra Érasme Bartholin (1625-1698), mathématicien, à qui on doit des perspectives nouvelles sur la circulation de la lumière et notamment la biréfringence, et Thomas Bartholin (1616-1680), qui découvrit rien moins que l'existence d'un système lymphatique autonome et la fonction anesthésiante du froid, et qui engendra Caspar, dit « le Jeune » (1655-1738), anatomiste.

Je rougis d'imaginer le jour d'hiver danois où, penché sur la vulve d'une femme, ce dernier distingue de part et d'autre des grandes lèvres des petites boules de chair. Se pourrait-il que d'elles vienne ce que nous cherchons tous, la preuve, liquide et donc irréfutable, d'être désiré ? Une fois cette hypothèse posée, comment la vérifie-t-il ? Et une fois la preuve établie, à qui osa-t-il en parler ? L'avoua-t-il en confession ? Comprenait-il le risque qu'il prenait ? Galilée n'avait-il pas été condamné depuis si longtemps (1633), pour une nouvelle de bien moindre portée : quelle importance de savoir qui de la Terre ou du Soleil tourne autour de l'autre, comparé à la divulgation du secret de la jouissance féminine ?

Quoi qu'il en soit, ce Caspar le Jeune méritait ô combien l'honneur qui lui avait été fait de donner son nom, le glorieux nom de Bartholin, aux glandes qu'il avait, dans l'interminable nuit danoise, courageusement distinguées !

L'EAU À LA BOUCHE

S'il te plaît, ne sois pas farouche
Quand me vient l'eau à la bouche !

Certains livres sont des œuvres collectives. Averti du projet, le plus souvent par le libraire, chacun, dans le village ou le quartier, veut y apporter sa pierre, le nourrir de tel savoir, l'étayer de telle anecdote, le corriger de telle erreur grossière. Heureusement que veillait Élisabeth, une autre voisine, également médecin !

— Comment toi, fervent admirateur de Gainsbourg, pouvais-tu oublier la salive ? Enfin, Erik ! L'eau à la bouche ! Tu me déçois ! Et elle se mit à chantonner. Je baissai la tête, penaud. Elisabeth enfonça le clou, en dame toujours précise :

— Et pas qu'un petit fleuve ! La salive, si je me souviens bien : plus d'un litre en nous chaque jour !

J'avouai ma faute et repris mes études.

Née de glandes situées dans la gorge, l'humidité que la salive apporte dans la bouche ne se contente pas de faciliter l'élocution (sans elle, le moindre mot nous écorcherait vif, toute phrase un peu longue nous blesserait au sang).

Activée par notre système nerveux, elle réveille le goût (salivez, salivez !) et prépare les aliments à leur digestion. En même temps, elle nous défend contre certains microbes. Par exemple, certaines protéines qui entrent dans sa composition nous protègent contre les caries en empêchant les bactéries de se coller aux dents. Et on a découvert qu'elle avait le pouvoir de réduire la force infectieuse de certains virus, dont le VIH 1.

Bref, vive la salive !

La sécheresse de la bouche, causée par quelques médicaments, dont les antidépresseurs, et quelques maladies, n'entraîne pas que des inconforts.

À l'inverse, l'hypersalivation est le signe de la rage. Si d'aventure, vous croisez un chien écumant de bave, éloignez-vous au plus vite !

Et, moins grave, faites attention quand même aux effusions incontrôlées.

En embrassant, on ne se transmet pas que son amour. Comme vous avez pu le noter, ce livre n'est pas un manuel de puritanerie mais choisissez bien tout de même à qui vous voulez prouver votre intérêt.

Et m'étant intéressé aux moustiques pour raconter leur géopolitique, j'ai découvert, terrifié, la perversité de certains des virus pathogènes qu'ils portent. Figurez-vous qu'ils utilisent la salive pour mieux nous atteindre. Ainsi, selon l'OMS, c'est par cette salive, la salive des moustiques, qu'un malade humain sur cinq serait infecté.

L'EXEMPLE DE LA SÈVE

Theodor Hartig (1805-1880) est un botaniste prussien, amoureux des forêts. C'est lui qui découvrit le premier dans le bois des troncs d'arbre de petits « tubes criblés », qui ne pouvaient servir qu'à la circulation de la sève. À sa suite, divers chercheurs montrèrent que ces tubes criblés, rebaptisés « phloèmes », longeaient d'autres tuyaux, bientôt nommés « xylèmes ». Il s'agissait, en fait, d'un formidable réseau de canalisations, qui, en chaque plante, transportait l'eau et les nutriments.

En 1928, Thomas Godfrey Mason et Ernest Maskell complètent l'histoire. Mesdames et messieurs, il existe des « sources » dans les plantes, les endroits où sont produits les sucres. Lesquels sont charriés, via les tubes criblés, vers d'autres lieux où ils sont déchargés, appelons-les des « puits ».

Mais sources et puits changent de place, voire s'inversent selon les saisons. En hiver, les racines sont des sources parce qu'elles ont stocké des sucres. Sucres qu'au début du printemps, elles envoient vers les toutes jeunes feuilles, qui les absorbent goulûment, de véritables puits.

Avant que ces feuilles se changent à leur tour en sources dès que s'enclenche la photosynthèse…

Cette fable vraie, c'est Ernst Münch (1876-1946) qui en expliquera la logique par le jeu permanent de l'osmose et des gradients de pression entre solutions plus ou moins concentrées.

Voilà pourquoi la sève n'arrête pas de circuler dans la plante, et monte ou descend selon l'époque de l'année et le rôle que chaque organe y joue.

Les grands fleuves devraient prêter plus attention aux prairies et forêts qu'ils traversent. S'y jouent des échanges de fluides autrement plus délicats et subtils qu'un grand flot qui passe, entraîné par la seule et sommaire force de gravité, la bien nommée.

LE CALVAIRE DE L'EMPEREUR

Saluons le génie pédagogique du professeur Vallancien ! Qui aurait pensé choisir le bas-ventre d'un empereur pour décrire les circuits tortueux de l'urine et les mécanismes ô combien complexes de sa filtration ?

De temps à autre, pour offrir une récréation à son élève et égayer quelque peu cette plongée douloureuse dans l'intimité napoléonienne, le maître saisissait son accordéon et jouait ses airs favoris. Pour un peu, j'aurais invité sa femme Aurore à danser. Je sais qu'ensemble ils préparent un projet de réforme en profondeur des études médicales. Gageons que certaines surprises attendent les prochains carabins !

Il se trouve que le professeur et moi sommes voisins en Bretagne Nord. Devant nous monte et descend le Trieux. Ce fleuve ne se contente pas de paresseusement « couler », comme tous ses confrères cours d'eau, il va et vient puisque mêlé de marée. Si bien que mes (toujours modestes, ne nous haussons pas trop du col) connaissances en urologie s'accompagnent à jamais pour moi de musique et des visions enchanteresses de ce petit courant magique. Certains trouveront de la vérité dans cette association. Pas plus liquide qu'une mélodie de Schubert ou de Vladimir Cosma.

Bien plus sophistiqué que le cœur – cette simple pompe, pourtant parée de tous les prestiges et siège supposé de toute émotion, le rein est un inextricable réseau de canalisations en même temps qu'une concentration d'usines à nulle autre pareille.

Le premier à avoir repéré ces dernières, au bout de son microscope rudimentaire (il ne devait pas « grossir » plus de trente fois), est un Italien, Marcello Malpighi, en 1666. Ce spectacle l'enchante. Il compare les renflements à des pommes sur un arbre : « de toutes petites parties disposées de manière à former un organe merveilleux ». Non content d'admirer, Marcello devine que ces « pommes » ont pour fonction de fabriquer l'urine. Ces usines miniatures sont aujourd'hui appelées « néphrons », et nous savons que chaque rein en possède un bon million. Elles sont constituées d'une pelote de vaisseaux, le « glomérule », et d'un long « tubule ».

Tant que nous sommes en bonne santé, ces usines, les « pommes de Malpighi », travaillent sans relâche. Nos deux reins filtrent environ 120 litres de sang par jour, pour évacuer jusqu'à 2 litres d'urine.

Ne se jugeant sans doute pas assez occupé par son travail de filtration, le rein s'est trouvé une autre activité : fabriquer trois hormones, chacune ô combien nécessaire à la bonne poursuite de notre vie :

— L'érythropoïétine, bien connue des coureurs cyclistes sous le nom d'EPO. Elle a pour mission de prier la moelle osseuse de bien vouloir fabriquer plus de globules rouges et d'ainsi fournir davantage d'oxygène au corps. Bien utile, non ?, en cas d'effort violent, par exemple grimper à pleine vitesse au sommet du mont Ventoux.

— Le calcitriol, une sorte de vitamine qui aide le colon à absorber le calcium.

— La rénine, qui contribue à régulariser la pression artérielle. D'où ces hypertensions dévastatrices pour nos vaisseaux dans certaines maladies du rein.

Avec l'âge, le jet d'urine d'un vieux mâle humain perd en force. Le jaillissement fier et désinvolte de sa jeunesse s'est peu à peu mué en poussif goutte-à-goutte. Et s'il confie à son médecin cet humiliant désagrément, celui-ci hausse les épaules :

— Que voulez-vous, mon ami, c'est la prostate. Avec les années, elle grossit et ce faisant, comprime l'urètre, et rétrécit le passage de l'urine.

— Jusqu'à complètement l'obturer ? Et alors ?

— Alors, on sonde. C'est-à-dire qu'une tige souple est introduite par la voie naturelle…

— Vous voulez dire… ?

— Exactement, par la verge. Puis on remonte, précautionneusement n'ayez crainte, jusqu'à l'endroit du rétrécissement pour forcer le passage.

— Vous m'effrayez ! Une telle torture est-elle bien nécessaire ?

— Sachez, mon ami, que la rétention d'urine, outre qu'elle cause des souffrances intolérables, entraîne à brève échéance un empoisonnement général qui peut devenir mortel.

À ce sujet, si vous me permettez une diversion susceptible d'égayer quelque peu ce propos que d'aucuns jugeront trop intime, voire franchement dégoûtant, voici une anecdote touchant aux mœurs secrètes de cette Académie à laquelle j'ai l'honneur d'appartenir depuis maintenant près de trente ans. Comme le professeur Hamburger, célèbre néphrologue, confiait au « perpétuel » de l'époque (Maurice Druon) son intention de se présenter, celui-ci lui demanda, sans malice, s'il avait fait enquête sur les intentions à son égard des membres de la compagnie, en d'autres termes, combien d'entre eux avait-il déjà « sondés » ?

— Oh, déjà une bonne moitié d'entre eux, si vous me permettez, étant donné leur âge.

La prostate n'est pas la seule responsable des perturbations pouvant affecter la fluidité de ces circulations intimes. La vessie peut aussi faire des siennes.

Pauvre Napoléon III, il en est le plus célèbre exemple. L'Empereur avait l'habitude d'aller « prendre les eaux » à Vichy. Jusqu'à six semaines par an ! Mauvaise idée, lui répétaient ses médecins, car ces eaux, ferrugineuses, contribuaient à faire grossir le caillou qu'il avait dans la vessie. Mais l'Empereur ne les écoutait pas. Et « les eaux » avaient bon dos, si vous m'autorisez l'expression. Car ces longs séjours offraient au monarque, véritable obsédé sexuel, le loisir de butiner tout son saoul.

Au moment où le prélude de l'orchestre invitait au quadrille, l'Empereur, après avoir échangé, en souriant, quelques mots avec son interlocuteur, a quitté son banc pour se mêler aux danseurs et aller, après quelques hésitations dans le choix, offrir sa main à une jeune ouvrière de Cusset, que rien de particulier ne m'a paru devoir désigner pour un pareil honneur ; une fois en possession de sa danseuse, il a fait signe à un sergent de se placer en vis-à-vis, et la contredanse a commencé.

Il s'est produit, alors, dans cette multitude, comme un choc électrique ; une immense acclamation a retenti ; on criait, on trépignait ; tous ces braves gens étaient ivres de joie de voir leur empereur, celui qui commande au monde, venir, comme un des leurs, spontanément, noblement, sans fausse popularité, se mêler à leurs plaisirs et les élever tous jusqu'à lui en donnant la main à une fille du peuple, à une honnête ouvrière, pauvre, confuse, tremblante de tant d'honneur et de regards réunis sur son humble personne. Chaque fois que l'orchestre s'arrêtait pour commencer une figure nouvelle, l'enthousiasme et les hourras redoublaient ; lui, il dansait… comme un danseur, ne paraissant pas se douter qu'on lui adressait ces témoignages fanatiques[1].

Par quel miracle, étant donné ses troubles, Napoléon III réussissait-il à… danser ? Mystère ! Encore aujourd'hui, les médecins se demandent comment il résistait à des souffrances qu'ils savent intolérables.

Interrogation redoublée à propos du désastre de 1870. Nombre d'historiens, et de politiques respectables, à commencer par Philippe Séguin, ont rendu hommage

1. Adolphe Brisson, « Pour être populaire », *Les Annales politiques et littéraires*, n° 1365, 22 août 1909.

à l'action pour la France de Napoléon III. En deux décennies, il a, autre Colbert, industrialisé le pays et « aménagé » son territoire (notamment en plantant de pins les Landes). Mais la maladie finit par lui détruire le jugement. Sain de corps, aurait-il déclaré la guerre à la Prusse alors qu'à l'évidence, nos armées n'étaient pas prêtes ? Toujours est-il qu'un chef d'État, qui plus est empereur et descendant de Bonaparte, se devait d'avancer à la tête de ses troupes. À l'abri des regards, on devait le hisser tant bien que mal sur son cheval. Une fois là-haut, comment tenait-il en équilibre, emmailloté qu'il était dans des couches sous son pantalon militaire, car s'il ne pissait plus, il suintait du sang ? Autre mystère, plus insondable encore, comment parvint-il à supporter ces longs séjours sur une selle, et je ne parle pas des passages au trot.

Le pouvoir donne à la volonté des forces que personne ne devine, et pas seulement pour le meilleur. Qui ne se souvient de François Mitterrand, torturé par son cancer, et réussissant tout de même à l'emporter sur Philippe Séguin dans un débat décisif pour l'avenir de l'Europe ? Je me rappelle Roland Dumas, le ministre des Affaires étrangères dont j'étais alors conseiller. Dans l'avion qui s'approchait d'Alger, je le croyais demi-mort, écrasé sur son siège, tenaillé qu'il était par des coliques néphrétiques. Atterrissage. La porte s'ouvre. Un officiel s'approche. Le Roland l'accueille tout sourire et droit comme un *i*. Ressuscité.

Tout de même ! Plaignons Napoléon ! On l'avait maquillé pour cacher sa pâleur extrême. Et le voici décrit par Zola, dans son roman *La Débâcle* (1892) : « La mort n'avait pas voulu de lui, décidément. Sous la sueur d'angoisse de cette marche au travers de la défaite, le fard s'en était allé des joues, les moustaches cirées s'étaient amollies, pendantes, la face terreuse avait pris l'hébétement douloureux d'une agonie. »

UNE PROPOSITION HÉRÉTIQUE

Voici l'idée indubitablement écologique, de mon maître en urologie, le professeur Vallancien.

Imaginons le matin du septième jour. Après tant de labeur, une Création tout entière, grasse matinée bien méritée pour notre Seigneur. Mais chacun le sait, on ne change pas de rythme aussi facilement ! Dieu regarde Sa montre. Seulement 6 h 37 ! Décidément, le temps n'avance pas. Il faudra que je l'active, ce gros paresseux-là. Et maintenant, 6 h 38, et tout un long samedi encore à tuer. Imaginons l'ennui de Dieu au matin du septième jour, une hypothèse tout à fait possible, même si personne n'a jamais osé l'envisager. Qu'est-ce que je peux faire ? J'ai rien à faire !

Il repense à Sa Création. Avec une fierté bien légitime : en six jours, six jours seulement, avoir sorti du néant des papillons monarques, un homme, un couple d'albatros, un jeu de cartes avec dame de cœur, un cabriolet Ferrari, une bouteille de romanée-conti, l'impôt sur le revenu, le sourire d'une femme, et bien d'autres merveilles… Quand je pense qu'avant Moi, il n'existait RIEN. Que pourrais-je ajouter à ce chef-d'œuvre ?

Dieu réfléchit. Si Mes créatures se plaisent, ce qui Me semble probable, chaleur et nudité aidant, si hommes et femmes fabriquent beaucoup d'enfants, y aura-t-il assez d'eau pour tout le monde ? J'ai oublié quelque chose. Il sort un crayon. Modifions, juste un peu, le corps des humains. Quelle idée stupide de laisser leur urine se perdre ! Je devais être fatigué ce jour-là. Il M'aurait suffi de prévoir un petit recyclage. Quand on voit les complexités dont Je suis capable, avec les circonvolutions cérébrales par exemple… Pour un bricoleur de Ma sorte, un jeu d'enfant ! Un filtre dans la vessie, une minipompe, un canal, un de plus, qui retourne l'urine purifiée à l'estomac. Et le tour sera joué ! Je vais créer des êtres qui n'auront jamais soif. Et vivront dans des pays toujours verts.

Dieu calcule. Peut-être sur Ses doigts. Un Créateur n'est pas forcément bon en calcul mental. Combien un humain a-t-il besoin d'eau chaque jour ? D'après ce que Je crois savoir, un bon litre en moyenne. Maintenant, combien la Terre va-t-elle accueillir d'humains ? Si Mes créatures se plaisent vraiment, elles pourraient atteindre, voyons voir, le chiffre effrayant de… 10 milliards. Donc, une minuscule modification anatomique permettrait d'économiser, 10 multipliés par 1, 10 MILLARDS DE LITRES CHAQUE JOUR ! Imaginons la gratitude des rivières, la joie des plantes, le soulagement des oiseaux roses, les innombrables conflits évités autour des puits, des barrages, des bassines… Dieu regarde Sa montre. Nous sommes toujours le SEPTIÈME JOUR, 10 h 54. J'ai tout à fait le temps de corriger Ma Création.

Mais comme Il s'apprête à se remettre au travail, un autre effroi lui vient. Ou plutôt une nouvelle variante du même effroi. Rappelons que Dieu n'a peur de rien, sauf, sauf, sauf de s'ennuyer. Et d'autant plus que cet ennui-là est « pour toujours », une condamnation à perpétuité, pire… pour l'ÉTERNITÉ.

Dieu reprend sa réflexion. N'allons pas trop vite en besogne. Si Je crée des humains que jamais aucune soif ne torture, quel pauvre spectacle vont-ils M'offrir ? N'ayant plus de raison de se battre pour cette ressource essentielle, ils vont perdre tout dynamisme, toute inventivité, peu à peu s'adoucir. Peut-être même s'aimer. Quelle horreur ! Assister, l'éternité durant, à des foules qui s'entraident, plutôt mourir ! Et comme cette possibilité-là M'est, comme nous savons, interdite…

C'est ainsi que Dieu, le septième jour, s'est bien gardé de revenir sur Sa Création. Et voilà pourquoi nous pissons ! Pissons en pure perte. Violant les principes les plus sacrés de l'économie circulaire. Voilà pourquoi, pissant, nous devons boire, encore et toujours boire. Voilà pourquoi se multiplient les guerres de l'eau. Assurant à notre Créateur un spectacle permanent de nature à tromper Son ennui pour des siècles et des siècles.

CINQUIÈME PARTIE

Éloge de l’humide

VIVE LES FRONTIÈRES INCERTAINES !

Tourbières, marais, prés salés, vasières recouvertes et découvertes à chaque marée, estuaires et deltas, les « zones humides » sont les espaces de la transition, et donc de la cohabitation, entre la terre et l'eau.

Longtemps dédaignées, parce qu'on en ignorait leurs rôles, ces zones humides se sont partout réduites comme peau de chagrin. Rongées par l'extension des surfaces cultivées ou construites, toujours plus d'activités humaines, les pollutions, la surconsommation des ressources et les dérèglements climatiques.

Aujourd'hui, nous ne pouvons plus ignorer ce que nous leur devons :

— régulation des crues ;
— recharge des nappes phréatiques et soutien d'étiage ;
— épuration de l'eau ;
— stockage du carbone ;
— berceau et refuge d'innombrables espèces botaniques et animales.

Dans ces frontières incertaines entre les milieux, de cet échange permanent naît toutes sortes de vie, dans sa diversité la plus vertigineuse. On considère que le tiers des espèces rares ou menacées, la totalité des amphibiens (grenouilles, crapauds, tritons et salamandres) et la moitié des oiseaux y sont abrités. Alors poussés par quelle folie (la pire, celle qui naît de l'ignorance obstinée) les humains se sont-ils, depuis la nuit des temps, acharnés à drainer ces surfaces ? Les asséchant, ils devaient bien voir qu'ils les changeaient en déserts.

La connaissance de ces lieux magique ayant progressé, et avec elle notre reconnaissance envers les trésors qu'ils nous offrent, leur protection s'est organisée. Dès 1971, par une convention internationale conclue dans la ville iranienne de Ramsar (au bord de la mer Caspienne).

Les États signataires déterminent sur leur territoire un certain nombre de zones qu'ils s'engagent à préserver activement (surveillance, recherche, formation). En France, cette liste comporte cinquante-deux sites. Par exemple, les baies d'Audierne et de Somme, la Camargue, la Dombes, les marais du Bugey.

Pour faire connaître et vivre cette convention de Ramsar, chaque 2 février, anniversaire de sa signature, est organisée une « journée mondiale des zones humides ».

NOUS AVONS UN SECOND CERVEAU DANS LE VENTRE !

Je savais bien que la Nature n'avait pas le monopole de ces lieux hybrides. Je savais bien, sans oser trop me le dire, que notre corps, dans ses profondeurs, en recelait de semblables.

Depuis longtemps, soyons clair depuis mes treize ou quatorze ans, le terme *muqueuse* me fascinait. Avec un intérêt trouble, à connotation, avouons-le, franchement sexuelle. Zones « humides », zones « interdites », non ?

Et, le cœur battant, tel un adolescent s'aventurant dans « l'enfer » de la bibliothèque familiale et ses livres « strictement pour adultes », j'ai, le cœur battant et le rouge aux joues, ouvert quelques petites publications spécialisées : « MUQUEUSE : Membrane humectée de *mucus* qui tapisse de nombreux organes. »

Ces membranes recouvrent les parties du corps en contact direct ou indirect avec l'extérieur :

— la bouche,

— les narines, le larynx, les voies respiratoires, les bronches,

— le duodénum,

— l'estomac et les intestins,

— l'urètre et le vagin pour les femmes, l'urètre aussi pour les hommes,

— sans oublier l'anus.

Le « mucus » est le liquide produit par ces muqueuses. Il peut être aqueux, gélatineux ou visqueux. La morve coulant d'un nez enrhumé en est l'exemple le plus commun. C'est grâce à ce mucus que les muqueuses, humidifiées en permanence, sont en mesure de remplir leur mission principale qui est de *protéger* les organes des agressions venues du dehors : poussières, pollens, agents pathogènes…

Mais certaines muqueuses sont aussi chargées d'autres missions cruciales. La muqueuse intestinale, par exemple,

— *absorbe*, dans le flux des aliments, les nutriments nécessaires au fonctionnement de notre corps,

— et *rejette* vers l'extérieur les déchets, ceux qu'on appelle les « excréments », un mot qui vient du verbe latin *excernere*, « passer au tamis, évacuer ».

Riche de ce petit savoir, je pris rendez-vous avec Gérard Eberl, directeur du département « Microenvironnement et Immunité » à l'Institut Pasteur, mais aussi grand rocker à ses heures, comme en témoignent, dans un coin de son bureau, ses deux guitares de légende, je n'en croyais pas mes yeux, une Gibson Les Paul Reissue 1959 et une Fender Stratocaster USA 1990. Pas plus jalouses que ces deux bêtes sauvages ! Quand il joue trop de l'une, l'autre le lui fait payer en grinçant un bon quart d'heure avant de recommencer à chanter.

Tout de suite, Gérard me parle d'un très grand savant méconnu. Des millénaires durant, les « miasmes », c'est-à-dire le « mauvais air », furent tenus responsables des épidémies. Puis, vers 1860 vint Louis Pasteur, le Sherlock Holmes de la médecine, qui identifia les meurtriers, les *serial killers*. Pauvres microbes ! À peine repérés sous le microscope, on les accusa de tous les maux. Obnubilé par quelques « méchants », on oublia le rôle de tous les autres, pourtant essentiels à la vie. C'est Élie Metchnikoff, né à Kharkov (dans l'actuelle l'Ukraine), en 1845, qui répara l'injustice. En rejoignant l'institut créé par le même Pasteur, il y décrivit les mécanismes par lesquels les globules blancs avalent les bactéries (phagocytose). Cette avancée majeure, rien moins que la découverte d'une partie essentielle de l'*immunité*, lui valut le prix Nobel en 1908.

— Ces questions ayant l'air de t'intéresser, me dit le rocker, je t'invite à notre journée d'information sur le microbiote, le 16 mars 2024. Je te promets un nouvel univers. Belle manière de fêter le printemps, non ? Voici le programme !

Je lis :

— *Dans le cadre de… la semaine du cerveau.* Quel rapport ?

— Viens et tu verras !

Je suis venu, j'ai entendu, et n'en suis toujours pas revenu.

En bon pédagogue, Benoît Chassaing, directeur de recherche en microbiologie à l'Inserm commença par définir le sujet : « Très généralement, un *microbiote* est l'ensemble des micro-organismes vivant dans un environnement spécifique. Sur les plantes, par exemple, on trouve des microbiotes. Et nous, humains, portons plusieurs microbiotes : celui de la peau, celui de la bouche, celui des poumons. Mais le plus peuplé est celui de nos intestins : 100 000 milliards de micro-organismes. Dans un gramme de matière fécale [notre merde, pour dire les choses], on trouve autant d'habitants que sur terre[1]. »

Cette communauté vivante est extrêmement diverse : à côté des bactéries, les plus nombreuses, prolifèrent les virus, les archées (micro-organismes unicellulaires et dépourvus de noyau), les protistes (micro-organismes également unicellulaires mais dotés d'un noyau). Dans cette foule très dense de minuscules personnages, les interactions ne peuvent être que d'une complexité infinie. De ces interactions dépend l'efficacité du microbiote impliqué, de laquelle dépend la bonne santé de l'organe concerné et, par suite, du corps dans son ensemble.

Hélas, pauvre microbiote ! Sans cesse, il doit se battre, résister car se multiplient des agressions qui l'appauvrissent : alimentation défectueuse, recours à trop d'antibiotiques, stress, contamination par des polluants… La grande découverte est qu'un microbiote ainsi affaibli ne peut remplir correctement sa mission. S'ensuivent toutes sortes de maladies : inflammation chronique de l'intestin, diabète, obésité, certains cancers. Mais aussi des troubles

1. Institut Pasteur, conférence « Le microbiote intestinal : vers de nouvelles pratiques en matières de santé », 16 mars 2024.

de l'humeur, anxiété, dépression. Comment expliquer cette dernière concomitance ?

C'est pour répondre à cette question que Gabriel Lepousez, neurobiologiste à l'Institut Pasteur, travaille avec des psychiatres et des gastro-entérologues : « En fait, notre intestin et notre cerveau communiquent. Le premier envoie des messages au second. Des messages chimiques et nerveux. Car notre intestin possède, lui aussi, des cellules nerveuses, même si en quantité bien moindre que le cerveau. Un microbiote altéré perturbe sa production d'hormones, par exemple la sérotonine, et une dépression s'ensuit. Mais les impacts peuvent aussi concerner la mémoire, la capacité d'apprendre, les précautions... De nouvelles voies de traitement des maladies psychiatriques s'ouvrent, fondées sur la régulation des bactéries présentes dans le ventre, et non sur les antidépresseurs. »

Cette découverte me parlait d'autant mieux qu'à l'Académie française, j'occupe le siège non seulement de Jacques-Yves Cousteau et de Louis Pasteur mais aussi de Jean Delay (1907-1987), psychiatre passionné par la psychopharmacologie. Avec Pierre Deniken, il découvrit les effets bénéfiques sur la schizophrénie d'une molécule identifiée par Henri Laborit, la chlorpromazine.

Je n'en avais pas fini avec mes étonnements ! Les recherches d'Anne-Marie Cassard, endocrinologue, concernent l'addiction, notamment à l'alcool. Elle montre que les personnes atteintes d'une maladie alcoolique du foie souffrent aussi d'un microbiote en mauvais état.

En lui apportant une alimentation plus équilibrée, plus riche en fibres, on réduit l'addiction et ses conséquences.

Mêmes conclusions de Joël Doré (INRAE), pionnier de l'écologie microbienne : « L'implication du microbiote est démontrée dans nombre de maladies neurodégénératives. […] Elle est prouvée pour certaines formes d'autisme ou de sclérose en plaques[2]. »

D'où l'idée de traitements révolutionnaires : donner aux malades des microbiotes sains. Plus concrètement, non ne faites pas la grimace, prélever les selles d'une personne bien portante et les transférer dans le colon d'un malade. « Ce traitement est déjà pratiqué avec succès chez les patients atteints de certaines fortes diarrhées. […] L'analyse de notre microbiote sera bientôt aussi commun que nos bilans sanguins[3]. »

Chamboulé par cette rencontre, je continuais à prendre conscience de combien les communications dans notre corps étaient nombreuses et complexes. Le sang, la lymphe et les larmes étaient loin, très loin, d'être les seuls « fleuves coulant en nous ».

« Ça me prend aux tripes », « Ça me tord les boyaux », « Ça me donne envie de vomir », « Je ne peux plus rien avaler ». Comme toujours, le langage transmet des vérités profondes. Il « sait » que notre ventre est immédiatement informé par notre cerveau que nous

2. *Ibid.*
3. *Ibid.*

nous trouvons face à un péril, une menace, physique et psychique.

Par quelles voies nos deux cerveaux, celui des intestins et celui du crâne, interagissent-ils ? Par quelles voies se parlent-ils ? Qui, mieux que mon ami rocker, pouvait m'apporter la réponse ?

— Puisque tu travailles sur la mondialisation, tu vas tout de suite comprendre. Les relations entre l'intestin et le cerveau font intervenir les mêmes acteurs que le commerce planétaire. D'abord, la mer, sur laquelle passent, comme tu sais, 80 % des échanges. Dans notre corps, ce liquide est le sang. Y circulent des « cargos » : le cargo du cholestérol, le cargo des glucides, le cargo plein d'hormones... Cette flotte n'arrête pas de monter du ventre vers la tête. Sur terre, la communication principale se fait par la fibre, les réseaux électroniques, à commencer par Internet. À cette image, nous avons en nous les réseaux nerveux. Et de même qu'interviennent des policiers, des douaniers, qui, tant bien que mal, vérifient le contenu des containers, des soutes et des valises pour éviter que trop de substances nocives ne nous inondent, de même cette « police » est assurée en nous par le système immunitaire. C'est lui qui lance l'alerte en cas d'attaque de « méchants ». Et comme nos fleuves intimes sont pourvus de « barrières », c'est ce bienveillant système qui leur donne l'ordre de se fermer pour interdire à nos ennemis, par exemple des bactéries, de pénétrer dans nos endroits stratégiques (tel le cerveau).

En quittant mon professeur, non sans l'avoir vivement remercié, j'ai pensé à mon autre amie, sainte Hildegarde de Bingen. Comme elle aurait aimé « mon » cher Institut Pasteur ! Comme elle aurait été joyeuse d'y trouver si souvent vérifiée sa conviction de l'existence de cette « universelle analogie », qui lui tenait tant à cœur ! Occasion forcément pour elle de composer une nouvelle musique. Pardon aux passagers de la ligne 6 du métro ! Si mon sourire vers 17 heures, le 5 juin 2024, vous a semblé bizarre, voire inquiétant, c'est que j'imaginais la sainte et le rocker donnant concert ensemble dans le grand auditorium François Jacob, au bénéfice, bien sûr, de la recherche médicale.

Au soir de cette journée ô combien riche, une autre réflexion m'est venue. Plutôt une interrogation : pourquoi la faune et la flore de nos intestins avaient-elles tant tardé à révéler leurs secrets et leur action déterminante ? Une réponse toute simple s'imposait : les chercheurs rechignaient à passer leurs jours à étudier ce qu'il faut bien appeler la merde. Et puis comment imaginer qu'une matière aussi rebutante puisse accueillir de l'utile, voire du nécessaire ?

Tout de même, l'exploration d'autres « zones humides », avait dû vaincre l'armée des tabous toujours liés au *sexe*. Conclusion : la vie n'étant pas puritaine, il fallait, pour la connaître, avancer vers elle en être libre. Libre d'abord de ce fantasme, souvent mortifère, de la *pureté*.

VILLES D'EAUX

Rares, et d'une tristesse d'orphelines, sont les villes que ne traverse aucun cours d'eau. Honte à elles, d'ailleurs, car le plus souvent une folie les a pris de les enterrer. Dieu sait si j'aime Bruxelles, si chaleureuse et vivante, où le Moyen Âge parvient à résister, on ne sait par quel miracle, aux immeubles à lobbies de la modernité, mais il flotte sur la capitale de l'Europe comme une ombre, un secret de famille, un regret, un remords, un cadavre qu'on voudrait oublier : cette rivière Senne qui coule toute seule sous nos pas, dans l'obscurité d'un tunnel.

Au contraire, fières de leurs canaux et de leurs ponts, plus de cent cinquante cités proclament leur identité « aquatique » et se revendiquent haut et fort Venise du Nord : Bruges, Amsterdam, Stockholm, Saint-Pétersbourg, Amiens…

Les villes d'eaux ont une relation encore plus intime avec cette première des matières premières. Non seulement elles n'existent, économiquement, que par elles. Mais leur nom même, « villes d'eaux », indique qu'elles sont constituées d'eau, comme, dans les contes, il existe des palais de pain d'épice et des châteaux en chocolat.

Enfant, je souffrais, chaque hiver, d'otites répétitives, suivies le plus souvent, malgré l'arrivée récente des antibiotiques, de cauchemardesques « paracentèses » (un tortionnaire en blouse blanche vous perce le tympan après un semblant d'anesthésie au détestable chloroforme). Désemparé, notre médecin conseilla une « cure » à mes parents.

C'est ainsi que je découvris Enghien-les-Bains, la vapeur mystérieuse de ses douches, le parfum d'œuf pourri de ses interminables inhalations et l'ineffable gentillesse de ses infirmières. Devant l'établissement géant s'étendait un minilac, où de petits voiliers attendaient patiemment que le vent veuille bien se lever. Voilà, me disais-je, un doux endroit où il ferait bon vivre.

Mes otites s'en étant allées, peut-être seulement emportées par les années, j'avais gardé en moi la croyance au pouvoir de ces « cures ». Certes moins romantiques qu'un long séjour en sanatorium face à des sommets majestueux, mais on a la tuberculose qu'on peut.

Bref, un beau jour, l'idée m'est donc venue d'aller saluer ces villes qu'on disait « d'eaux ». Mes raisons n'étaient plus médicales mais, excusez du peu, amoureuses, cinématographiques, littéraires et politiques. J'avais vu *L'Année dernière à Marienbad*, l'un des chefs-d'œuvre d'Alain Resnais, et j'étais déjà tombé fou de Delphine Seyrig. Je commençais à lire Milan Kundera, dont *La Valse aux adieux* se passe également dans une station thermale. L'amour et les sources, les sources de l'amour, paroles et musique, comment n'y pas voir un lien premier ? J'étais convaincu que moi aussi je rencontrerais la passion de ma vie en

« prenant les eaux ». Et puis les années 1970 s'achevaient. Quelque chose dans l'air annonçait la réunification de l'Europe. Il devenait urgent d'aller y humer la liberté.

Jean-Marc Terrasse, un ami encore plus nomade que moi, enseignant de mathématiques et futur maire adjoint d'Orthez, journaliste (*Playboy*, *Lui*, *Les Nouvelles littéraires*, *Libération*, *Le Quotidien de Paris* avec Philippe Tesson), directeur de l'auditorium du Louvre, après l'Institut français d'Écosse, par ailleurs neveu de Catherine Langeais, première star de notre télévision et devenue de ce fait fiancée des Français (et d'abord du très éperdu François Mitterrand, dévasté par leur rupture), partageait ces préoccupations improbables. Jean-Pierre Ramsay a bien voulu financer notre voyage. Qu'est-ce qu'un éditeur sinon l'allié d'un rêve ?

Notre périple nous a confortés dans notre conviction première : toutes les eaux d'Europe communiquent. Soyons plus précis : les murs ont beau séparer et les frontières faire barrière, l'eau est le sang du Vieux Continent. Vérité seconde : le thermalisme n'est pas épargné par les guerrières folies humaines.

1914.

Un médecin de Dax décide de participer à l'effort de guerre. En écrivant un fort libelle : *Le Bluff des stations thermales austro-allemandes*. Onésime Reclus préfacera l'ouvrage avec un lyrisme d'anthologie :

> On savait, ou plutôt on aurait dû savoir que les Allemands sont grossiers, gloutons, ivrognes, pilleurs et cruels. 1870 nous

en a donné mille exemples, et 1914, 1915, 1916, un million de preuves nouvelles. Mais on ignorait leur extraordinaire indignité commerciale.

Réclamiers, épateurs, piaffeurs, bluffeurs, puffistes, esbroufeurs, ils ont prostitué jusqu'à la sainteté du recours en grâce des malades et des mourants. S'ils n'ont point empoisonné leurs fontaines de santé, ils les ont truquées formidablement. C'est pourquoi leurs eaux minérales… thermales ou non, reçoivent bien plus de dolents que celles de notre France modeste et parfois indifférente.

On ne déboulonnera jamais assez l'Allemagne ; sa vanité, sa méchanceté, sa rapacité sont abominables. Le docteur Lavielle s'y entend mieux que personne.

Dans sa délicieuse ville de Dax, reine future des villes d'hiver, si nous la prônons comme elle le vaut, devant ses fontaines thermales, à l'ombre des plus vigoureux platanes du monde, ce directeur des « Baignots » a déjà maintes fois étrillé les charlatans de la médecine, dont ne manque aucun pays, pas même le nôtre.

Aujourd'hui, les honteux étalages qui vident la bourse des malades accourus en Allemagne aux jaillissements des eaux de réconfort ont éveillé son honnêteté de médecin thermal, son patriotisme de Landais et de Français. Il s'indigne, non sans ironie, contre le cynisme qui donne à des eaux un peu neutres, parfois même presque inexistantes, un renom mondial d'excellence. […]

Loué soit-il de vanter nos sources de guérison, de critiquer et souvent de pulvériser ces fontaines étrangères dont un truquage éhonté dissimule mal l'impuissance[1].

1. Charles et Louis Lavielle, *Le Bluff des stations thermales austro-allemandes*, A. Maloine, 1916.

Apprenez, au passage, que cet Onésime Reclus, auteur de ces fortes lignes, lui aussi géographe reconnu, ne partageait en rien les idées anarchistes de son frère Élisée. Fasciné par l'aventure coloniale de la France, Onésime part pour l'Algérie s'engager dans le 1er Zouaves. Seule une santé un peu fragile l'empêche de poursuivre cette carrière militaire, le conduisant dans les bureaux plus tranquilles de… la librairie Hachette, où il va publier de nombreux ouvrages, avant de se passionner pour le tourisme et la protection des espaces naturels. Au-delà de ses fièvres nationalistes, nous lui devons le si beau mot de *francophonie*.

« Une fois dans une ville d'eaux, on ne sait pas très bien si les thermes se contentent de capter tranquillement les eaux ou s'ils s'enfoncent tous les matins vers des lacs souterrains. Les innombrables tuyauteries et la vapeur ambiante renforcent cette impression de croisière aveugle. On se croit plongé de l'autre côté du miroir, dans le monde de Jules Verne, enfermé dans un vaste *Nautilus* de céramique. Une cure ressemble à un voyage de vingt mille lieues vers le centre de la Terre, mais un voyage sans visibilité aucune, un voyage tactile, un voyage pour la peau et non pour les yeux. Et les capitaines Nemo, qui encadrent sous-fifres et passagers d'une poigne de fer, ont encombré le couloir d'invraisemblables inventions, d'innombrables variations sur un thème unique : comment l'eau peut-elle entrer en contact avec toutes les parties du corps humain ?

Pullulent d'abord piscines et baignoires de toutes tailles, de toutes formes, où sont donnés les bains : bains généraux, régionaux ou locaux (comme au Mont-Dore, le célèbre demi-bain hyperthermal, ou les pédiluves pour les affections respiratoires, ou encore les maniluves, qui soignent à merveille, dit-on, les polyarthrites digitales), bains à eau courante ou dormante, froide (27 °C) ou chaude (40 °C). Baignoires simples ou agrémentées d'instruments divers pour faire travailler les muscles sous l'eau ou présenter le corps de la meilleure façon possible. Ainsi, on aimait particulièrement écarteler les femmes stériles, leur ouvrir grand les jambes pour que les vertus thermales et fécondantes puissent remplir leur office. Telle cette baignoire vaginale inventée par le docteur Alquier, qui présente lui-même sa trouvaille et ses multiples avantages :

> À ce groupe de justiciables de la thérapeutique vaginale, alcaline, ajoutons celui des fausses utérines qui verront améliorer, plus vite encore que par le passé, leur estomac, avec une meilleure irrigation de leurs voies génitales, puis celui non moins nombreux de ces jeunes femmes, désolées d'une stérilité qui tient tout simplement à l'acidité de leurs sécrétions vaginales.
>
> On voit que c'est une clientèle aussi nombreuse qu'intéressante qu'il s'agit de drainer vers nos thermes, thermes qui lui paraîtront certainement plus attirants que ceux qu'elle a l'habitude de fréquenter jusqu'ici dans les Pyrénées comme dans l'Est. Mais il faudrait lui donner autre chose que nos actuelles et banales irrigations vaginales de la baignoire, du bain de siège et du lit.

Ce que je propose, c'est un dispositif qui théoriquement, idéalement, serait représenté par l'image suivante : qu'on se figure un hamac, à demi-tendu, et la patiente dans ce hamac au-dessus d'une baignoire quelconque. On laissera descendre ce hamac jusqu'à ce que le siège de la femme soit dans l'eau. On réalisera ainsi la position idéale du bain de siège, parce que la femme n'a plus à s'accroupir et ne pèse pas sur son utérus. C'est aussi la position idéale pour l'injection vaginale, car c'est celle qui permet le mieux la béance et l'horizontalité du vagin. C'est encore dans cette position seule que l'on peut limiter uniquement au bassin l'action révulsive du bain, action révulsive qui se perd lorsque le corps est totalement immergé dans la baignoire.

Maintenant, je remplace le hamac qui n'était qu'un artifice de démonstration par une sorte de lit articulé en trois parties, pouvant se placer sur n'importe quelle baignoire.

Ces trois parties sont :

1° Un dossier mobile, en bois ou métal, rembourré et couvert de moleskine.

2° Une sellette en métal embouti et nickelé, amovible, interchangeable et stérilisable.

3° Un pupitre également en bois ou métal, recouvert de moleskine et destiné à supporter les jambes[2].

Ces délires instrumentaux ont aussi gagné les douches. Au-delà des deux expressions du classicisme (l'arrosage au tuyau par un employé à demi nu, qui promène sur le corps du curiste un jet dont la violence et la précision sont

2. Dr Alquier, *La Femme à Vichy*, monographie, 1913.

modulées sournoisement – d'ailleurs l'Église recommandait pour ce genre de thérapeutique de rester habillé et de laisser la porte ouverte, précautions hélas souvent oubliées, ce qui peut induire, l'été surtout, des excès contre nature, les saint Sébastien aquatiques se précipitant soudain vers l'arroseur –, ou la simple averse issue d'une pomme située au-dessus de la tête du patient), au-delà de ces banalités, les médecins ont laissé libre cours à leur baroque intime. Il y a la douche baveuse (dite aussi "velours") qui s'administre sans guère de pression avec une lance à embout plat, il y a la douche sous-marine, la douche filiforme de Saint-Gervais, la douche en épingle de Saint-Christau, la douche nasale au siphon de Weber, et les célèbres douches-massages de Vichy (où le sujet est couché) et d'Aix (où le sujet est assis, deux infirmiers massant fortement d'une main la région malade et de l'autre y braquant une lance à grand débit). Et l'on est douché dans des cages tantôt circulaires et tantôt carrées, ou dans des sortes de guérites, ou bien l'on vous demande de vous allonger, une grille s'abat sur vous et des centaines de traits d'eau vous rentrent dans la peau. Ces simulacres de torture fustigent les sangs, paraît-il, et aident à la guérison ; de toute manière, les malades ne s'en sont jamais plaints. Ils auraient plutôt tendance, remarque innocemment le personnel des bains, à nous demander de forcer la dose, mais nous restons de marbre : l'eau peut blesser aussi fort que le fouet.

Quant à l'inhalation, elle possède également ses poètes, ses architectes et ses physiciens. Car il ne faut pas confondre les divers types de brouillard : les uns charrient de grosses gouttelettes, les autres ne sont que brume. Les premiers imbibent mais ne pénètrent guère, les seconds s'enfoncent dans les dermes, sans mouiller. Une tuyauterie extrêmement complexe distille la qualité de vapeur souhaitée. Dans certaines stations, les curistes hument au-dessus d'étroits lavabos individuels. Dans d'autres, le brouillard s'inhale en marchant dans une vaste salle commune, et si l'on est civil, ou mondain ou dragueur, il faut entrecouper ses inspirations de sourires et de saluts, ce qui n'est pas favorable à la cure.

Les établissements thermaux contiennent en leurs murs bien d'autres merveilles : des poêles à vapeur appelés Berthollet, sorte de manchons qui enferment le membre atteint, des dispositifs de Murphy (goutte-à-goutte rectal), des aérosoliseurs, des piscines de boue, des étuves et des bains carbogazeux, des caves pleines d'ustensiles de mécanothérapie où se fortifient les muscles et se débloquent les articulations, sans compter les cabinets de repos, les lits de toute inclinaison où l'on reprend des forces entre deux phases du traitement, en entendant rire et papoter d'amour les infirmières. Alors la double impression de maison close et de paquebot sous-marin atteint son comble, et l'on s'endort pour un petit moment[3]. »

---

3. Erik Orsenna et Jean-Marc Terrasse, *Villes d'eaux*, Éditions Ramsay, 1981.

SIXIÈME PARTIE

Le flux des rêves, la vitalité des légendes, l'emprise des mythes

L'EAU ET LES RÊVES

Eaux claires, eaux printanières, eaux amoureuses, eaux profondes, eaux maternelles, eaux féminines, eaux composées, l'eau et le feu, l'eau et la nuit, l'eau et la terre, eaux dormantes, eaux violentes, l'eau et la mort, la barque de Charon, le suicide d'Ophélie…

Nous, apprentis philosophes en Sorbonne juste avant 1968, étions portés par des légendes. Légendes vivantes que nos professeurs : Raymond Aron pour *Dix-huit leçons sur les sociétés industrielles*, Georges Canguilhem pour *La Connaissance de la vie*, Vladimir Jankélévitch pour le *Traité des vertus*, Gilles Deleuze et Robert Misrahi pour leur célébration de Spinoza, si nous en croyez, suivez son chemin, jeunes gens, tuez en vous les « passions tristes ». Précepte suivi à lettre, quelque temps plus tard, lors d'un très joyeux mois de mai ! Et légendes immortelles que les professeurs qui avaient précédé nos professeurs ! À commencer par Gaston Bachelard, dont nous nous racontions, avant de le lire, le roman qu'avait été son existence.

Né à Bar-sur-Aube, le 27 juin 1884, cet apparenté à Diderot par sa mère mais fils de cordonnier n'a pas les moyens, son bac en poche, de poursuivre ses études. La télégraphie le fascinant, il entre aux PTT. En parallèle à ses activités d'ambulant surnuméraire ou d'employé de centrale téléphonique, il passe son rare temps libre à lire tout ce qu'il peut trouver sur les avancées récentes en physique, chimie et mathématiques. Ayant raté de peu le concours d'ingénieur, il se replie à contrecœur sur l'enseignement. Voulant comprendre la logique des découvertes, il revient à l'école pour s'ouvrir à la philosophie, dont il devient agrégé en 1922, puis docteur, avant d'être accueilli par la Sorbonne. Qui, mieux que lui, pouvait enseigner la « formation de l'esprit scientifique », titre de son ouvrage majeur ?

Bachelard, professeur par excellence, et d'abord professeur de… pédagogie. « Qui enseigne est enseigné, qui est enseigné enseigne. » Inlassable explorateur des *obstacles* à la connaissance, en même temps qu'admirateur émerveillé des *pouvoirs* explicatifs de l'art et d'abord de la poésie.

Ceux d'entre nous qui voulaient devenir de « vrais » philosophes, c'est-à-dire s'enivrer d'ontologie et commenter Kant ou Leibniz toute une carrière durant, prenaient de haut ce bon vieillard à barbe, considéré comme bien trop « littéraire » pour mériter quelque attention. Une autre secte le dédaignait, les psychanalystes de stricte obédience freudienne. Ayant pour ambition d'ériger leur pratique en « science », ils sacralisaient les rêves, vérité de l'inconscient, première de leur matière première, à surtout ne pas confondre avec les rêveries poétiques, faiblesses impardonnables, marijuana de l'intellect, fumette de la pensée.

Il suffit de quelques lignes pour balayer ce mépris et saluer l'incomparable fécondité de l'ancien postier. Tendez l'oreille. Bachelard vous parle. Ou c'est peut-être la rivière.

Je suis né dans un pays de ruisseaux et de rivières, dans un coin de la Champagne vallonnée, dans le Vallage, ainsi nommé à cause du grand nombre de ses vallons. La plus belle des demeures serait pour moi au creux d'un vallon, au bord d'une eau vive, dans l'ombre courte des saules et des osières. Et quand octobre viendrait, avec ses brumes sur la rivière… […]

Mais le pays natal est moins une étendue qu'une matière ; c'est un granit ou une terre, un vent ou une sécheresse, une eau ou une lumière. C'est en lui que nous matérialisons nos rêveries ; c'est par lui que notre rêve prend sa juste substance ; c'est à lui que nous demandons notre couleur fondamentale. En rêvant près de la rivière, j'ai voué mon imagination à l'eau, à l'eau verte et claire, à l'eau qui verdit les prés. Je ne puis m'asseoir près d'un ruisseau sans tomber dans une rêverie profonde, sans revoir mon bonheur… Il n'est pas nécessaire que ce soit le ruisseau de chez nous, l'eau de chez nous. L'eau anonyme sait tous mes secrets. Le même souvenir sort de toutes les fontaines. […]

L'eau a aussi des voix indirectes. La nature retentit d'échos ontologiques. Les êtres se répondent en imitant des voix élémentaires. De tous les éléments, l'eau est le plus fidèle « miroir des voix »[1]. Le merle, par exemple, chante comme une cascade d'eau pure. […]

1. Selon l'expression de Tristan Tzara.

S'il n'y avait pas dans les voix de la nature de semblables redoublements des onomatopées, si l'eau tombante ne redonnait pas les accents du merle chanteur, il semble que nous ne pourrions pas entendre *poétiquement* les voix naturelles. L'art a besoin de s'instruire sur des reflets, la musique a besoin de s'instruire sur des échos.

C'est en imitant qu'on invente. On croit suivre le réel et on le traduit humainement[2].

Plus loin, Bachelard cite Balzac :

[Il y a] « des mystères enfouis dans toute parole humaine ». [...] Il y a des mots qui sont en pleine fleur, en pleine vie, des mots que le passé n'avait pas achevés, que les anciens n'ont pas connus aussi beaux, des mots qui sont les bijoux mystérieux d'une langue. Tel le mot *rivière*. C'est un phénomène incommunicable aux autres langues. Qu'on songe à la brutalité phonétique du mot anglais *river*. On comprendra que *rivière* est le plus français de tous les mots. C'est un mot fait avec l'image de la *rive* immobile et qui cependant n'en finit pas de couler[3]...

Et Baudelaire prendra le relais final : « Ô mort, vieux capitaine, il est temps ! levons l'ancre ! »

2. Gaston Bachelard, *L'Eau et les Rêves. Essai sur l'imagination de la matière*, © Éditions Corti, 1942.

3. *Ibid.*

L'OR DU RHIN

L'opéra de Wagner s'ouvre sur deux ondines, Woglinde et Wellgunde, qui batifolent dans l'eau du fleuve. La troisième, Flosshilde, les rappelle à la raison. N'oubliez pas votre mission !

Et justement se présente Alberich, un nain repoussant, dont tout pousse à croire qu'il apporte le malheur. Venu des profondeurs de la Terre, Alberich ne doute de rien et commence à faire la cour aux trois beautés qui, bien sûr, s'esclaffent.

> — Mais quel est cet éclat que je vois briller au fond ?
>
> — C'est l'or du Rhin, répondent les sœurs. Notre père nous a chargées de sa protection. Seul celui qui renonce à l'amour pourra s'en forger un anneau, lequel lui donnera la richesse du monde [*Der Welt Erbe gewänn' ich zu eigen*].

Rejeté par les ondines, Alberich sait qu'il est celui-là. Faute d'une fiancée, il se saisit de l'or. Vont s'ensuivre toutes sortes de catastrophes compliquées.

Deux heures et demie plus tard, la morale reviendra aux ondines :

> *Traulich und treu ist's nur in der Tiefe :*
> *falsch und feig ist, wast dort oben sich freut.*

> Dans ces profondeurs seules on est tendre et fidèle :
> ce qui rit là-haut est perfide et lâche.

Mais l'histoire de l'anneau est loin d'être achevée. Suivront *La Walkyrie*, *Siegfried* et, pour finir, *Le Crépuscule des dieux*.

EN ÉGYPTE, UN DIEU DES CRUES

Les fleuves n'irriguent pas seulement nos corps. Ils abreuvent nos imaginaires comme en témoigne la place qu'ils tiennent dans les mythologies.

Au musée du Vatican, on peut voir la statue de Neilos, le dieu personnifiant le Nil. Le fleuve s'appelait d'abord Aegyptos, mais on a préféré lui donner le nom d'un très ancien roi, Nilée, le premier à comprendre la nécessité vitale de ses eaux et donc à entreprendre de nombreux travaux d'aménagement. Neilos est représenté comme un gros vieillard barbu, allongé à demi nu, le bras gauche enlaçant une corne d'abondance pleine de fruits et le bras droit tenant des épis de blé. Mais qui sont ces seize jeunes enfants qui l'entourent et jouent avec un crocodile et une mangouste ? Ils représentent les « coudées royales », autrement dit le niveau des crues sans lesquelles aucune vie ne serait possible dans ce désert. Et seize (coudées) est la hauteur idéale, rarement atteinte. Une coudée correspond à 52,4 centimètres.

Inséparable de Neilos, et beaucoup plus important, est Hâpî, le dieu de ces crues. C'est une personnalité androgyne. « L'eau est l'homme, la butte émergée, c'est la femme », résume un papyrus conservé au musée de Berlin. Comme le rappelle Jean-Pierre Corteggiani dans son œuvre majeure, *L'Égypte ancienne et ses dieux*[1], de nombreux rituels étaient scrupuleusement observés pour que le dieu offre à l'Égypte sa « bonne » quantité d'eau : toute sécheresse sera bien sûr mortelle, mais une inondation trop forte va ravager les habitations. Les niveaux sont constatés jour après jour, grâce à des graduations installées de proche en proche sur la rive. Et pour réveiller les ardeurs de Hâpî, étaient régulièrement jetées dans le lit du fleuve des dizaines de statuettes féminines aux formes les plus suggestives possible.

Trois mille ans durant, ce dieu fut l'objet d'un culte passionné, méticuleux car angoissé : la survie de tous dépendait de son bon vouloir. On peut se moquer de ces « superstitions » et des pratiques magiques qui s'ensuivaient. Mais au moins elles reconnaissaient l'importance vitale du fleuve.

1. Jean-Pierre Corteggiani, *L'Égypte ancienne et ses dieux*, Fayard, 2007.

EN GRÈCE, UN BRAS DE L'OCÉAN

Il faut se plonger dans le *Dictionnaire de la mythologie grecque et latine* du grand Pierre Grimal[1]. Les arbres généalogiques y sont plus mouvants que les îles nomades du Brahmapoutre.

Styx, présenté le plus souvent comme l'aînée (c'est en fait une fille) des enfants d'Océan et de Téthys, apparaît aussi comme engendrée par la Nuit et Érèbe (les ténèbres). Et si, dans certains textes, elle joue avec Perséphone, dans d'autres elle est sa mère.

En ce qui concerne ses amours, la tradition la marie avec Pallas. Et ils auront quatre enfants : Zélos, Nikè, Cratos et Bia, soit Zèle, Victoire, Pouvoir et Force. On voit ce qu'incarne un fleuve dans la pensée ancienne.

Le/la Styx était considéré(e) comme doté(e) de propriétés magiques. C'est en lui/elle que Téthis plonge son fils Achille pour le rendre invulnérable. Hélas, elle le tient entre deux doigts par l'arrière de la cheville. Et c'est là,

---

1. Pierre Grimal, *Dictionnaire de la mythologie grecque et latine*, Presses universitaires de France, 1999.

le fameux talon d'Achille, qu'il recevra la blessure dont il mourra.

Son eau était aussi « témoin » du serment des dieux. Celui qui manquait à son engagement se voyait privé de souffle une année entière, et durant neuf autres années, il était tenu à l'écart de l'Olympe, et ne prenait part ni à aux festins des autres dieux, ni à leurs conseils.

D'où venait le pouvoir de cette eau ? De son origine, répond Hésiode. Le/la Styx était un des dix bras de l'Océan, les neuf autres entourant soit la terre, soit l'Enfer, selon les poètes. Car le fleuve Styx est surtout connu pour servir de frontière entre le monde des morts et celui des vivants. C'est Charon, le « nocher », le passeur, celui qui prend le défunt dans sa barque pour le transporter vers son nouveau séjour. Pour prix de ce passage, il demande une obole. Raison pour laquelle, pour pouvoir rétribuer Charon, on plaçait une pièce de monnaie sous la langue des morts. Et qui n'aura pas été enterré selon les règles ou, pire, n'aura pas reçu de sépulture, se verra privé de la barque de Charon. Il devra errer, cent ans durant, le long du Styx.

Mais l'histoire qui me touche le plus est celle d'Alphée.

Dans la réalité, l'Alphée est le fleuve le plus long du Péloponnèse (120 kilomètres).

Dans la mythologie, Alphée est un dieu, fils du Titan Océan et de la sœur de ce dernier, la déesse marine Téthys. Ensorcelé par la nymphe Aréthuse qui se baignait dans ses eaux, le dieu-fleuve la poursuit. Pour lui échapper, elle s'enfuit jusqu'à l'île d'Ortygie, en face de Syracuse (Sicile), où Artémis (déesse de la nature sauvage, de la chasse et des accouchements), pour la protéger, la change en source. Mais la ruse ne détourne pas Alphée de sa passion. Le fleuve plonge sous la mer pour réapparaître à Ortygie. Il y unira ses eaux à celles d'Aréthuse, enfin conquise. Et leur amour ne prendra jamais fin. Dans une autre version, Artémis tombe, elle aussi, sous le charme de la nymphe. Et si elle éloigne Aréthuse et la métamorphose (en source ou en vapeur d'eau), c'est pour la garder pour elle.

De cette légende, Roger Caillois tirera un livre qui enchante, *Le Fleuve Alphée* (1978).

EN INDE, LE CHIGNON DE SHIVA

Contrairement à la Bible qui propose, je voulais dire impose, un seul récit de la Création du monde, en cohérence avec sa vision d'un Dieu unique, les religions bouddhique et hindouiste foisonnent de récits des origines.

L'histoire du Gange témoigne de cette fécondité narrative joyeusement vertigineuse. *Ek baar ki baat hai* (« Il était une fois »).

Un jour, Shiva joue de la flûte, sans doute pour se reposer des quatre missions très prenantes dont il a la charge et qui expliquent les multiples bras dont il est doté : la création, la préservation, la destruction et la grâce.

Vishnou passait par là. Tant il est enchanté par cette musique que ses pieds se mettent à fondre. Transpiration ou véritable dissolution, l'histoire ne le dit pas.

Toujours est-il que Brahma, un dieu qui ne supporte pas le moindre gâchis, recueillit dans un pot le précieux liquide. Telle est l'origine du Gange. Raison pour laquelle on le nomme aussi Vishnou-padi, *celle* « qui est née des pieds de Vishnou ». *Celle*, ai-je écrit, car Gange est *une déesse*, Ganga, donc féminin.

Le (la) fleuve coule d'abord dans le ciel.

Par chance pour nous, Shiva interpose sa tête. Son abondante chevelure est donc la première à recevoir la gigantesque averse. En dispersant les flots, il en atténue la violence. Sans lui, il y a gros à parier que toute vie sur terre aurait été emportée.

Mais la plus folle des histoires de Ganga est celle que je tiens de ma grande sœur Catherine Clément, écrivaine et philosophe, disciple de l'ethnologue Claude Lévi-Strauss, par ailleurs cuisinière hors pair car exploratrice, aussi, dans les plats qu'elle prépare. Elle a vécu en Inde trois ans, aux côtés de son mari, André Lewin, qui y était ambassadeur de France.

Ek baar ki baat hai, il était une fois.

Écoutez bien. Nous sommes au bord de la Loire, à savourer un gigot de sept heures. Il n'en faut pas moins pour mijoter une telle histoire.

Une citrouille, un étalon, sept enfants mort-nés et une chipie divine.

« Un roi avait deux femmes et pas d'enfants. Il pria si longtemps qu'il eut un fils avec l'une, et soixante mille avec l'autre, mais non sans mal : il lui fallut planter soixante mille graines de citrouille dans des pots de beurre, et attendre leur éclosion.

Au jour de leur majorité, le roi choisit un cheval, le plus beau des étalons, et lui offre un an de liberté. Les soixante mille fils le suivent, car l'animal dessine en marchant les frontières du royaume. Pendant ce temps-là, le fils unique reste au palais, il ne vaut rien, on le marie, un garçon lui vient, Bhagirath.

La multitude des autres fils continuent de suivre l'étalon et, bien entendu, finissent par le perdre. Mais ils le retrouvent, mâchonnant de l'herbe à côté d'un sage. Les soixante mille se précipitent, dérangent le vieillard dans sa méditation. Furieux, celui-ci les réduit en cendres d'un seul regard. Tous. Et le monde devient sec : plus une goutte d'eau.

Alors Bhagirath se met en prière. Longtemps. Sur une jambe. Il veut obtenir des dieux de quoi ressusciter ses soixante mille, c'est-à-dire de l'eau pour arroser leurs cendres.

Les dieux demandent au plus jeune d'entre eux, en fait une jeune fille, d'aller régler la situation, car sans eau, pas de libations, donc plus de nourriture. Ganga, espiègle adolescente, par ailleurs déesse des eaux douces, accepte la mission. Pour ne pas noyer la terre, elle commence par se répandre sur les cheveux de Shiva, sur les bras de Shiva, sur les jambes de Shiva, et elle arrive en douceur sur notre sol, qu'elle irrigue. Cette eau douce qui se déverse sur le corps de Shiva et, de là, sur la plaine gangétique, on l'appelle en français la « descente du Gange » parce que nous ne sommes pas capables de comprendre que Ganga est de sexe féminin[1]. »

Telle est l'une des sources du *Mahabharata*, la prodigieuse épopée de la mythologie hindoue (quatre-vingt-un mille neuf cent trente-six strophes).

Pour celles et ceux que cette folle fantaisie narrative a mis en appétit, partez avec Catherine (Clément) dans sa très délectable *Promenade avec les dieux de l'Inde*.

1. Catherine Clément, *Promenade avec les dieux de l'Inde*, Éditions du Seuil, 2005.

AU JAPON, REDOUTEZ LE PONT DES TROIS CHEMINS !

La Nature, là-bas, est habitée de *kamis*, des esprits. Et chaque cours d'eau a son kami.

Mais tous ces kamis subalternes doivent obéir au kawa-no-kami, le kami des rivières. Partout redouté car c'est lui, le responsable des inondations. Il se dit que dans les temps anciens, pour apaiser sa colère, on lui offrait des jeunes gens en sacrifice.

Le Sanzu-no-kawa est le Styx japonais.

Avant de le traverser, sept jours après son décès, et rejoindre son séjour éternel, le mort rencontre un couple de démons debout sous un grand arbre. Datsue-ba, la femelle, lui intime l'ordre de se mettre nu. Son compagnon mâle, Keneo, accroche les vêtements du défunt à une branche qui va jouer le rôle d'une balance et déterminer le poids des offenses commises. Le mort qui aura vécu dans le bien se verra ouvrir un pont, somptueusement décoré. Celui dont l'existence aura mêlé le meilleur et le moins bon devra franchir le gué. Quant au méchant, il sera contraint de plonger dans des eaux infestées de serpents.

Le pont, le gué, l'horreur : Sanzu-no-kawa, le fleuve des trois chemins.

Ajoutons que, comme chez les Grecs, le mort doit être enterré avec des pièces de monnaie, pour payer les passeurs. Mais attention ! Celui qui aura accumulé trop d'argent dans sa vie coulera dans le fleuve.

Dans la bibliothèque familiale, au moins cent volumes de la vieille collection des *Contes et légendes* occupaient la place centrale. C'est dans ce trésor que venait puiser notre mère chaque fois que se déclenchait chez nous une otite ou une grippe. Pour vaincre les microbes et les virus, elle faisait plus confiance à ces récits de vaillance qu'aux antibiotiques qui débutaient. Blotti dans ses bras, le petit malade s'endormait, bercé par ces hauts faits étrangers. Au matin, la plupart du temps il se réveillait guéri. Merci, les chevaliers de la Table ronde ! Merci à la renarde russe (sage-femme de métier) ! Merci aux korrigans de Bretagne !

C'est de ce temps-là que je tiens les légendes pour les plus fortes des eaux de vie.

CONCLUSION GÉNÉRALE

Heureux qui comme Ulysse revient d'un long voyage.

Vous voulez une conclusion à notre petite promenade ? Elle est toute simple : vive la vie !

Aujourd'hui, ne nous y trompons pas, les fleuves qui coulent en nous sont d'abord ceux du numérique. Pour le meilleur : faciliter nos existences. Comme pour le pire : tout polluer, à mort. Notre vie privée, comme celle de nos sociétés.

Si nous buvons 80 % de nos maladies, comme le répétait Pasteur, nous recevons de ces « réseaux » 80 % de nos folies : complots imaginaires, vérités « alternatives », images trafiquées, torrents de haine… Si la Terre a soif, les « réseaux » nous inondent.

Sans compter les bouleversements plus généraux, le « transhumanisme », l'homme « augmenté », les puces greffées un peu partout dans le corps, des entreprises plus puissantes que la plupart des États. Dans ce nouveau monde, ce ne sont pas les seules technologies qui vont se trouver bouleversées, mais la physiologie de l'espèce humaine, l'existence même des pays, la possibilité de la souveraineté et de la démocratie. Avec ce rêve dément et mortifère que l'artificiel nous aide à sauver la Nature détruite, prolongé par l'un de ces cauchemars dont Elon Musk a le secret : déménager notre espèce humaine sur un caillou géant sans rivières, ni tourterelles, ni douceur du matin quand le jour se lève sur l'archipel de Bréhat, la face nord du Cervin ou les temples de Louang Prabang.

Loin de nous l'idée de refuser ce que la modernité apporte. Mais, comme à l'argent, dont elle est complice, donnons-lui sa place, toute sa place, rien que sa place. Argent, meilleur des serviteurs, et pire des maîtres.

À la différence des « réseaux » numériques, les fleuves qui coulent en nous, tout comme ceux qui irriguent notre planète, sont des chemins vivants. Chemins tortueux et incertains, chemins tour à tour fragiles et menaçants, chemins envoûtants.

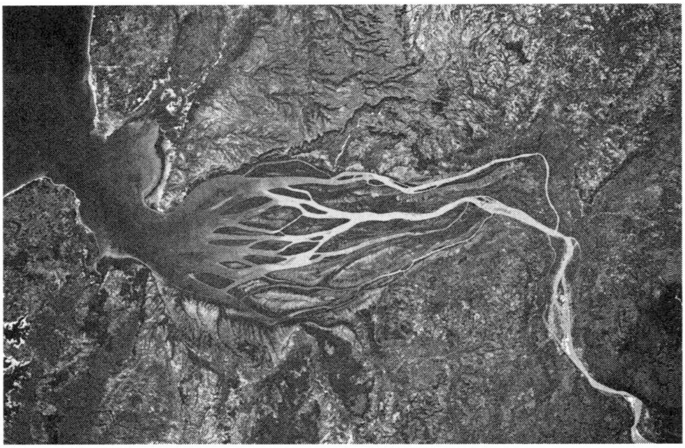

Le fleuve Betsiboka, © CNES / Jean-Pierre Haigneré, 1999.

Si cette vision satellitaire ressemble tellement à l'image produite par une angiographie, la raison en est simple : à des échelles différentes, les deux images racontent la même histoire, le parcours des fluides essentiels.

Qu'ils soient fleuves immenses ou infimes capillaires, redonnons toute notre attention à ces voies de la vie.

Pour entrer dans ces secrets qui importent, croisons les regards et ralentissons notre course. Vive les jumelles alliées au microscope ! Vive les leçons de choses, vive l'histoire naturelle, vive les cabinets de curiosité !

Retrouvons l'enfance et son émerveillement d'apprendre.

N'avons-nous pas compris que le savoir est une joie, la connaissance une fête, la recherche un bateau qui va, un équipage aux aguets, l'amitié une alliance de même nature que celle d'un opéra, chacun y donne le meilleur de soi-même, et nous aurons vécu ensemble, pour la plus grande magie possible ?

Et saluons les analogies comme autant de cadeaux. Tout écho est un pouls, quelque chose comme un cœur du monde qui, soudain, se mettrait à battre. Toute circulation est un récit, et qui peut vivre sans histoires ? Qui ne rêve d'être accueilli dans une légende puis emporté par elle ?

Vive la géographie, le grand livre où converse le monde, en même temps que vive la médecine ! Honte à ceux qui n'y voient qu'une plomberie, alors que c'est l'art qui les rassemble tous !

Nous croyons redouter plus que tout la mort. Une petite voix me dit que, d'abord, c'est la vie que nous craignons. Sinon pourquoi lui montrerions-nous, au fond, tant d'indifférence ?

REMERCIEMENTS

De même que chez moi, la seule voie de la compréhension est celle du récit (sans « Il était une fois », pas de compréhension possible), de même, sans la clef de l'amitié, aucune chance d'ouvrir la porte de nouveaux domaines.

Ce voyage au fil de tous les fleuves qui coulent en nous n'aurait pas été possible sans toutes celles et tous ceux qui ont bien voulu répondre à ma curiosité maladive : Jean-Noël Fabiani-Salmon, Bertrand Goudot, Guy Vallancien, Élisabeth et Bernard Achard, Nicole Brousse, Anne Lécu, Jean-Hervé Lorenzi…

Et merci, merci à l'Institut Pasteur, dont je suis depuis sept ans, bien plus encore que l'ambassadeur, l'étudiant permanent, passionné et ô combien reconnaissant.

Merci aux directeurs généraux (et directrices générales) qui ont bien voulu me faire confiance : Alice Dautry, Christian Bréchot, Stewart Cole et aujourd'hui Yasmine Belkaid. Occasion aussi de rendre hommage à Alain Mérieux et son autre formidable institut. Vous ne pouvez imaginer ce que vous m'avez appris et l'admiration que j'ai pour votre action.

Sans le docteur Jean-François Chambon, longtemps directeur de la communication de cet Institut, jamais je n'aurais osé me lancer dans ces folles entreprises de « vulgarisation ».

Sans Philippe Sansonetti, médecin infectiologue et professeur au Collège de France, j'aurais vécu toute une vie sans savoir ce qu'était la Vie.

Sans Anna-Bella Failloux, jamais je n'aurais été accepté par les moustiques, cette entreprise piquante de transport de parasites pernicieux.

Sans Thomas Bourgeron, jamais je n'aurais connu le spectre de l'autisme, habité, avouons-le, par certains de mes très proches, les plus intelligents comme il se doit.

Sans Maxime Schwartz et Annick Perrot, jamais je n'aurais appris l'histoire des débuts de la microbiologie et comment, grâce à quels héros, s'est développé ce savoir essentiel.

Sans Pascale Cossart, aidée par les dessins lumineux de Fabrice Hyber, jamais je n'aurais imaginé la diversité, donc la richesse, de ce monde invisible qu'on appelle « le vivant » : bactéries, archées, levures, champignons, microalgues, protozoaires, virus…

Et sans Gérard Eberl, jamais je n'aurais compris comment le microbiote, cette nouvelle star de notre organisme, communique en permanence avec le cerveau. La première chose qui vous frappe, en pénétrant dans son bureau, 25 rue du Docteur Roux, 75015 Paris, c'est la place d'honneur occupée par deux étuis de guitare. Des Gibson, me précise-t-il tout de suite, l'œil aussi fier que gentiment moqueur devant ce vieux visiteur qui, à l'évidence, ne s'y connaît guère dans ces bêtes à cordes. Car rocker, il est, le Gérard, et plus souvent qu'à son tour, en même temps que directeur de l'unité Microenvironnement et Immunité, dans mon cher Institut.

Merci à mon éditeur, Adrien Bosc. Romancier de talent, il sait comment raconter une histoire, même complexe, même riche d'innombrables chapitres, sans (trop) perdre le lecteur en chemin.

Merci à Isaline Maulbon d'Arbaumont. C'est une magicienne méticuleuse, faite de ce très rare alliage qui permet de transformer en livre lisible un manuscrit potentiellement intéressant, mais franchement désordonné.

Merci d'abord, et surtout, au docteur Isabelle de Saint-Aubin. Sans elle la belle idée serait demeurée projet.

BESOIN DE VOUS !

Malgré les trésors de savoir et de générosité de mes amis savants et de mes alliés éditeurs, il reste des erreurs dans ce texte.

Forcément. Après m'être aventuré dans tant de domaines nouveaux et complexes, ô combien.

Des erreurs dont j'ai honte car chacune est, je le sais bien, impardonnable.

Alors au secours ! J'appelle à l'aide mes lecteurs et lecteurs.

Écrivez-moi à l'adresse suivante : Éditions Julliard 22, rue du Pont-Neuf – 75001 Paris.

Je vous garantis que chacun de vos messages sera lu, ses colères comprises, et la suite à donner discutée en commun, avec la plus grande transparence et honnêteté.

Ainsi nous parviendrons ensemble à une autre version.

Nouvel exemple, peut-être, de cette science participative qui permettra au plus grand nombre de considérer la connaissance comme son affaire, « son » affaire, aussi, trop cruciale pour ne pas la laisser à la seule responsabilité de « spécialistes ».

Si parmi les fleuves qui coulent en nous, le plus porteur de vie est celui de la curiosité, le premier mal qui nous menace est celui d'une ignorance célébrée ou pire, peut-être, celui de ces « vérités alternatives », fabriquées sans rapport aucun avec le vrai, juste pour ne pas déranger le cours de nos habitudes et la répartition des richesses.

TABLE DES MATIÈRES

Introduction 11

Première partie. L'unité du monde

L'universelle analogie. Éloge d'Hildegarde 19
Vive l'eau ! 26
Tout a commencé dans l'eau 28
Des citernes dans le cerveau 32
Petite escapade dans le cosmos 36
L'hypothèse Gaïa 39

Deuxième partie. Le don du Nil

Un mystère plusieurs fois millénaire 47
Un jésuite polyglotte 49
Le premier des fous curieux 52

Troisième partie. Le cercle rouge

Le premier des irriguants 61
L'école d'Athènes 65

Galien 68
Un âge d'or arabe 71
L'heure de la renaissance occidentale
Éloge de Padoue 74
La grande circulation 77
Six autres cœurs 81
Hommage à la chirurgie cardiaque 83
À la recherche de la coronaire perdue................... 85
Arrêt buffet 89
Une sorte d'embâcle 92
Et si l'argent circulait comme le sang ?................. 99

Quatrième partie. Innombrables sont nos autres rivières

Une potion magique.. 105
N'oublions pas les humeurs !................................ 108
En nage.. 112
Le sang de l'âme 114
La maladie des yeux secs...................................... 120
Le fleuve oublié 125
Nos places fortes.. 128
Femmes fontaines 131
L'intermittent du spectacle 133
Un cadeau d'Aphrodite.. 137
L'eau à la bouche.. 139

L'exemple de la sève 141
Le calvaire de l'empereur 143
Une proposition hérétique 150

Cinquième partie. Éloge de l'humide

Vive les frontières incertaines ! 155
Nous avons un second cerveau dans le ventre ! 157
Villes d'eaux 165

Sixième partie. Le flux des rêves, la vitalité des légendes, l'emprise des mythes

L'eau et les rêves 177
L'or du Rhin 181
En Égypte, un dieu des crues 183
En Grèce, un bras de l'océan 185
En Inde, le chignon de Shiva 188
Au Japon, redoutez le pont des trois chemins ! 191

Conclusion générale 193
Remerciements 197

DU MÊME AUTEUR

La Cinquième saison. Un roman vénitien, Robert Laffont, 2024

Nourrir sans dévaster. Petit précis de mondialisation VIII (avec Julien Denormandie), Flammarion, 2024

Il était une fois la Terre (avec Pierrick Graviou et Serge Bloch), Gallimard, 2023

Histoire d'un ogre, Gallimard, 2023

La Terre a soif. Petit précis de mondialisation VII, Fayard, 2022

Les Mots immigrés (avec Bernard Cerquiglini), Stock, 2022

La Passion de la fraternité. Beethoven, Stock/Fayard, 2021

Cochons. Voyage au pays du vivant. Petit précis de mondialisation VI (avec Isabelle de Saint-Aubin), Fayard, 2020

Briser en nous la mer gelée, Gallimard, 2020

Beaumarchais, un aventurier de la liberté, Stock, 2019

Voyage au pays des bibliothèques (avec Noël Corbin), Stock, 2019

Désir de villes. Petit précis de mondialisation V (avec Nicolas Gilsoul), Robert Laffont, 2018

Géopolitique du moustique. Petit précis de mondialisation IV (avec Isabelle de Saint-Aubin), Fayard, 2017

La Fontaine, une école buissonnière, Stock, 2017

L'Origine de nos amours, Stock, 2016

La Vie, la Mort, la Vie, Louis Pasteur (1822-1895), Fayard, 2015

Passer par le nord. La nouvelle route maritime (avec Isabelle Autissier), Paulsen, 2014

Mali, ô Mali, Stock, 2014

La Fabrique des mots, Stock, 2013

Sur la route du papier. Petit précis de mondialisation III, Stock, 2012

Princesse Histamine, Stock, 2010

L'Entreprise des Indes, Stock, 2010

Et si on dansait ?, Stock, 2009

Courrèges, Xavier Barral, 2008
L'Avenir de l'eau. Petit précis de mondialisation II, Fayard, 2008
La Chanson de Charles Quint, Stock, 2008
Le Facteur et le Cachalot, Les Rois Mages, 2007
La Révolte des accents, Stock, 2007
Salut au Grand Sud (avec Isabelle Autissier), Stock, 2007
Voyage aux pays du coton. Petit précis de mondialisation I, Fayard, 2006
Portrait du Gulf Stream. Éloge des courants : promenade, Seuil, 2006
Dernières nouvelles des oiseaux, Stock, 2004
Les Chevaliers du subjonctif, Stock, 2003
Madame Bâ, Stock, 2002
La grammaire est une chanson douce, Stock, 2001
Portrait d'un homme heureux : André Le Nôtre, Fayard, 2000
Longtemps, Fayard, 1998
Deux étés, Fayard, 1997
Histoire du monde en neuf guitares
(avec Thierry Arnoult), Fayard, 1996
Mésaventures du paradis. Mélodie cubaine, Seuil, 1996
Rochefort et la Corderie royale, Caisse nationale
des monuments historiques et des sites, 1995
Grand Amour, Seuil, 1993
Besoin d'Afrique (avec Éric Fottorino
et Christophe Guillemin), Fayard, 1992
Rêves de sucre, Hachette, 1990
L'Exposition coloniale, Seuil, 1988
Villes d'eaux (avec Jean-Marc Terrasse), Ramsay, 1981
Une comédie française, Seuil, 1980
La Vie comme à Lausanne, Seuil, 1977
Espace national et déséquilibre monétaire, PUF, 1977
Loyola's blues, Seuil, 1973

Composition et mise en pages
Nord Compo à Villeneuve-d'Ascq

Cet ouvrage est imprimé sur du papier issu
de forêts gérées durablement.

Achevé d'imprimer en février 2025
par Normandie Roto Impression s.a.s.
61250 Lonrai (Orne)
N° d'édition : 68323/01 - N° d'impression : 2500392

Imprimé en France

Dépôt légal : mars 2025